たれとソースの
ラクうま便利帖

みなくちなほこ 著

たれがあれば、時間も手間も半分以下

作り置きのたれやソースは、忙しい人の強い味方です。
ゆでた野菜にかけるだけ、豆腐にかけるだけで、立派な一品が完成。
調理時間も手間も半分、いやそれ以下ですんでしまうとなれば、
帰りが遅くなった日の夕食作りに、あと一品ほしい副菜作りにと大活躍します。
たれは足し算。ひとつ作れば、そこからバリエーションが広がって
もっとおいしい使い方や新しい使い方を発見するかもしれません。
いろいろ試して、皆さんの日々のご飯作りに活用していただけたらうれしいです。

たれとソースのラクうま便利帖 目次

たれがあれば、時間も手間も半分以下……2
本書のきまり……11
あると便利な道具……12

Part 1 混ぜるだけ！お手軽だれ

お手軽だれ・1　ごましょうゆだれ……16
豚のカリカリ揚げサラダ……17
まぐろのごま漬け丼……19
トマトと玉ねぎのごまマリネ……20
白菜のおひたし……21

お手軽だれ・2　ハニー照り焼きだれ……22
いわしのかば焼き……23
レンジでチャーシュー……24
根菜のハニーきんぴら……26
小松菜の煮びたし……27

お手軽だれ・3　ねぎ塩だれ……28
豚の塩だれ丼……29
えびっぷり水餃子……30
なすの塩だれソテー……32
たたききゅうりのねぎ塩だれ……33

お手軽だれ・4　はちみつみそだれ……34
さばのみそ煮……35
鶏もも肉のみそ照り焼き……36
ゆでキャベツと豆苗の帽子サラダ……38
焼きおにぎり茶漬け……39

お手軽だれ・5　韓国風ピリ辛だれ……40
えびとアボカドのユッケ風……41

冷や奴サラダ …… 42
海鮮ビビン麺 …… 43

お手軽だれ・6 甘辛コチュジャンだれ …… 44
手羽中の韓国風照り焼き …… 45
サンマの筒切り煮込み …… 46
いかとセロリの韓国風炒め …… 47

お手軽だれ・7 にんにく豆板醤だれ …… 48
半月目玉焼き …… 49
根菜の揚げびたし …… 50
スタミナ焼きそば …… 51

お手軽だれ・8 みそマヨだれ …… 52
カリフラワーのみそマヨ焼き …… 53
山椒チーズご飯 …… 55
ねぎとしらすのトースト …… 56
ちくわのみそマヨ焼き …… 57

お手軽だれ・9 タイ風だれ …… 58
揚げ春巻き …… 59
春雨とセロリのタイ風サラダ …… 60
フォー風汁ビーフン …… 61

お手軽だれ・10 バンバンだれ …… 62
厚揚げのバンバン焼き …… 63
汁なしうどん …… 64
白菜の生春巻き風 …… 65

お手軽だれ・11 塩ヨーグルトソース …… 66
タンドリーチキン風 …… 67
ぶりの塩ヨーグルト漬け焼き …… 68
きゅうりのコールドスープ …… 69

お手軽だれ・12 レモン塩 …… 70
グリル野菜のレモン塩添え …… 71
水切り豆腐のサラダ …… 72

レモンとしらすのパスタ …… 73

お手軽だれ・13 アンチョビハーブだれ …… 74
アンチョビハーブポテト …… 75
きのこのアヒージョ …… 76
イタリアン焼きおにぎり …… 77

お手軽だれ・14 ごまマスタードだれ …… 78
豚入りチヂミ …… 79
春雨炒め …… 81
チキンストロガノフ風煮込み …… 82

お手軽だれ・15 サワークリームソース …… 84
ブルーチーズパスタ …… 85
ハンガリアンシチュー …… 86
しらす入りサワーポテサラ …… 87

お手軽だれ・16 グリーンカレーソース …… 88
たけのこのグリーンカレーソテー …… 89
タイ風炒飯 …… 90
トマトのクリームスープ …… 91

ちょっと手をかけておすすめ長持ちだれ

長持ちだれ・1 味しょうゆ …… 94
豚肉の漬け焼き …… 96
甘辛手羽先から揚げ …… 97
夏野菜のコロコロサラダ …… 98
さぼそぼろ …… 99

長持ちだれ・2 肉みそ …… 100
くずし豆腐のマーボー …… 102
ビビンバ風ひと皿ご飯 …… 103
肉みそバゲット …… 104
じゃじゃ麺 …… 105

6

長持ちだれ・3 干しえびだれ……106

- キャベツのレモンはさみ蒸し……108
- 豚しゃぶサラダ……109
- たけのこ卵のスープ……110
- えび風味そうめん……111

Part 2 料理別 たれ&ソースバリエ

ハンバーグに……114
- 基本のハンバーグ……115
- 照り焼きソース……115
- 煮込みハンバーグ風……116
- にんにくバターしょうゆ……116
- 生クリームソース……117
- きのこあんソース……117

チキンソテーに……118
- 基本のチキンソテー……119
- オレンジバターソース……119
- にんにくしょうがソース……120
- みそバターソース……120
- ハニーマスタードソース……121
- オニオンソース……121

ポークソテーに……122
- 基本のポークソテー……122
- 黒酢ソース……123
- 玉ねぎレモンソース……123

ステーキに……124
- 基本のステーキ……124
- しょうゆペッパーソース……125
- レモンバターソース……125

から揚げに……126

7　目次

鶏のから揚げ
基本の鶏のから揚げ …… 126
スイートチリソース …… 127
クリーミィサワーソース …… 127

魚のソテーに
基本の魚のソテー …… 128
粒マスタードソース …… 128
サルサソース …… 129

魚介のボイルに
基本の魚介のボイル …… 130
和ハーブソース …… 130
バジルオイルソース …… 131

刺身に
基本の刺身 …… 132
カルパッチョソース …… 132
中華ねぎソース …… 133

蒸し&ゆで野菜に
アンチョビマヨネーズ …… 134
山椒オイル …… 134
ゆずこしょうしょうゆ …… 134
スイート粒マスタード …… 135
ねぎしそみそ …… 135
マヨカレー …… 135

豆腐に
香味野菜だれ …… 136
梅肉しょうゆだれ …… 136
トマトオリーブ …… 136
きのこだれ …… 137
キムチだれ …… 137
ピータンだれ …… 137

パンに …… 138

8

Part 3 基本のソース&ドレッシング・たれ

パセリバター …… 138
つぶつぶ塩バター …… 138
明太マヨネーズ …… 138
クリームフルーツチーズ …… 139
クリームブルーチーズ …… 139
エッグマヨネーズ …… 139

基本のソース・1 トマトソース …… 142
あえるだけナポリタン …… 145
さばのトマトソースグリル …… 146
トマトスープ …… 147
トマたま炒め …… 147

基本のソース・2 ホワイトソース …… 148
さといものグラタン …… 150

基本のソース・3 ミートソース …… 152
簡単カルボナーラ …… 152
シンプルドリア …… 153
つぶつぶポタージュ …… 153
なすのチーズミート焼き …… 154
餃子サモサ …… 157
ポテトの重ね焼き …… 158
ミートソースピラフ …… 159

基本のソース・4 タルタルソース …… 160
サーモンフライ …… 162
ズッキーニボートのタルタルのせ …… 164
パンキッシュ …… 165
アスパラのタルタル焼き …… 165

基本のソース・5 バジルソース …… 166
れんこんのバジルソテー …… 167

あさりとホタテのバジル蒸し……169

基本のソース・6 バーニャカウダソース……170
ゆで卵入りニース風サラダ……171
長いもグリル……173

基本のソース・7 マヨネーズ……174
カリカリチキンのマヨソース……175
ゆで野菜のマヨ焼き……177

定番和風だれ……178
めんつゆ……178
甘辛だれ……178
みそだれ（白みそ）……179
みそだれ（赤みそ）……179
ごまだれ……180
ぽん酢しょうゆ……180
すし酢……181
土佐酢……181

定番ドレッシング……182
フレンチドレッシング……182
中華ドレッシング……182
ごまドレッシング……183
和風玉ねぎドレッシング……183
イタリアンドレッシング……184
梅ドレッシング……184
しそしょうゆドレッシング……185
柑橘ドレッシング……185

● **たれ別さくいん**……186
● **素材別さくいん**……188

本書のきまり

● **分量について**
PART1のたれとソースは、一部を除いて2〜3回で使い切れる分量を目安にしています。PART2のたれとソースは2人分を目安にしています。そのほかは、作りやすい分量を目安にしています。
料理のレシピはすべて2人分で表記しています。

● **計量について**
計量スプーン小さじは5㎖、大さじは15㎖、1カップは200㎖です。

● **加熱時間について**
電子レンジでの加熱時間は、600Wを使用する場合の目安です。
500Wの場合は、加熱時間を1.2倍にして調節してください。
オーブントースターでの加熱時間は、1000Wを使用する場合の目安です。

● **作り方について**
野菜は、皮、へた、種など、一般的に食べられない部分を取り除くことを前提とし、作り方は、その後の調理方法から記載しています。なお、皮つきのまま使う場合や、特殊な下処理が必要な場合は、その都度方法を記載しています。

● **付け合わせについて**
本書のレシピでは、つけ合わせの材料、作り方は記載していません。

あると便利な道具

本書で紹介しているたれとソースは
どれも簡単なので特別な道具は不要。
ここでは、道具選びのポイントと
あると便利なアイテムをご紹介します。

計量カップ

シリコン製のやわらかい計量カップ。本体をつかむと注ぎ口ができるので、たれやソースを作って注ぐのに最適。電子レンジでも使える優れもの。

計量スプーン

大さじと小さじの2種類があればOK。いくつか束になっているものは意外と使いにくく、大さじと小さじを1本で兼ねるタイプは場所もとらずおすすめ。

小さな泡立て器

少量の液体調味料を小さい容器の中で混ぜ合わせるときにあると便利。小さくても、ワイヤーがしっかりしているものを選んで。

ボウル

直径10〜15cm程度の小さなボウルがひとつあると、2〜3回で使い切れる量のたれ作りに便利。ホーロー製は味や色移りの心配がなく、酢などの酸にも強い。

シリコンスプーン

1本持っていると、ビン入りの調味料などをすくうときに便利。しなやかなので、ビンの底やふちについた調味料も残さずすくえる。

─ Part 1 ─
混ぜるだけ！お手軽だれ

つけてよし、かけてよし。炒めだれにも、マリネ液にもなるような
万能だれのバリエーションを覚えておくと、
毎日の献立作りにおおいに役立ちます。
調味料を混ぜるだけなので作り方も簡単。
使い切り量でちゃちゃっと作って、
すぐにおいしい即席だれ、ぜひお試しください。

お手軽だれ・1

ごましょうゆだれ

しょうゆベースのさっぱり味ながら、ごま油でコクと旨みもしっかり。すりごま入りで、材料によーくからんでくれます

材料／作りやすい分量・2～3回分
- しょうゆ…大さじ2
- 酢…大さじ2
- ごま油…大さじ2
- 白すりごま…大さじ2
- チューブにんにく…2cm

作り方
よく混ぜて出来上がり！

● 使い方のヒント
肉、魚のかけだれのほか、野菜にもドレッシング感覚で使ってOK。酸味はそれほど強くなく、ここにはちみつなどの甘みを加えて甘辛のたれにアレンジしてもおいしい。

● 保存方法
清潔な密閉ビンなどに入れ、冷蔵庫で約5日間。

ごましょうゆだれで 揚げ上がりにからめて！

豚のカリカリ揚げサラダ

材料／2人分

豚もも薄切り肉…150g
春菊…2茎
レタス…3枚
長ねぎ…5cm
塩、こしょう…各少々
片栗粉…適量
ごましょうゆだれ
　…大さじ2
揚げ油…適量

作り方

1 豚肉は塩、こしょうをふって片栗粉をまぶす。
2 春菊は葉をつみ、レタスはざく切りにする。長ねぎは斜め薄切りにして水にさらす。
3 ボウルなどにごましょうゆだれを入れておく。
4 揚げ油を170〜180度に熱し、豚肉をカリッとなるまで揚げて油をきり、たれにくぐらせる。2の野菜と合わせて器に盛り、好みでさらにたれをかける。

ごましょうゆだれで 刺身を漬け込んで!

まぐろのごま漬け丼

材料／2人分

まぐろ(刺身用)…1さく
温かいご飯…どんぶり2杯分
ごましょうゆだれ…大さじ2
万能ねぎ(小口切り)…適量
もみのり…適量
白いりごま…小さじ2

作り方

1 まぐろは7〜8mm厚さに切り分け、ごましょうゆだれをからめて一晩漬ける。
2 器に温かいご飯を盛り、1をのせ、万能ねぎ、もみのり、いりごまを散らす。

ごましょうゆだれで オリーブオイルと混ぜてマリネ液に！

トマトと玉ねぎのごまマリネ

材料／2人分
トマト…1個
玉ねぎ…1/4個
みょうが…1個
マリネ液
　ごましょうゆだれ…大さじ2
　EXバージン
　　オリーブオイル…大さじ2

作り方
1 トマトはひと口大に切る。玉ねぎは薄切りにして水にさらし、水けをしっかり絞る。
2 ボウルに**マリネ液**の材料を混ぜ合わせ、**1**を加え、全体にからめて半日ほど冷蔵庫で置く。
3 器に盛り、食べる直前に薄切りにしたみょうがをのせる。

ごましょうゆだれで 定番副菜にひとひねり！

白菜のおひたし

材料／2人分

白菜（縦1/4に切ったもの）
　…葉3〜4枚
A ごましょうゆだれ…大さじ2
　水…小さじ1
削り節…適量

作り方

1 白菜はゆでて水に放ち、水け を絞って4〜5cm長さに切る。
2 器に盛り、**A**を混ぜ合わせて かけ、削り節を散らす。

お手軽だれ・2

ハニー照り焼きだれ

ひとつあると便利な甘辛味のたれ。はちみつのまろやかな甘みに、しょうがの香りがアクセントです

材料／作りやすい分量・2〜3回分
- しょうゆ…大さじ3
- 酒…大さじ2
- はちみつ…大さじ1
- 砂糖…小さじ1
- しょうがの絞り汁…小さじ1/2

作り方
よく混ぜて出来上がり！

● 使い方のヒント
焼いたり炒めたりした後で仕上げにからめるほか、材料にからめてから加熱しても。しつこくない甘辛味なので、煮物の味つけにも合う。

● 保存方法
清潔な密閉ビンなどに入れ、冷蔵庫で約5日間。

ハニー照り焼きだれで ご飯にのせてどんぶりにも!

いわしのかば焼き

材料/2人分

いわし(開いたもの)…4尾
サラダ油…大さじ1/2
ハニー照り焼きだれ…大さじ2
粉山椒…少々

作り方

1. フライパンに中火でサラダ油を熱し、いわしを並べ入れ、両面がこんがりとなるまで焼く。
2. 余分な油を拭き取り、ハニー照り焼きだれを加え、少し火を強めて煮からめる。
3. 器に盛り、粉山椒をふる。

ハニー照り焼きだれで たった10分の加熱時間！

レンジでチャーシュー

材料／2人分
焼き豚用かたまり肉
　…400gのもの1本
ハニー照り焼きだれ
　…大さじ4
長ねぎ…1/2本

作り方
1. 耐熱ボウルに豚肉を入れ、ハニー照り焼きだれをかけ、ラップをかけずに電子レンジ（600W）で5分加熱する。取り出して上下を返し、さらに5分加熱する。
2. 取り出して粗熱が取れたら、たれごとファスナー付き保存袋に入れてそのまま冷ます。
3. 切り分けて器に盛り、ぶつ切りにした長ねぎを焼いて添える。

ハニー照り焼きだれで テリ感と歯応えが魅力！

根菜のハニーきんぴら

材料／2人分

れんこん…1節(100g)
ごぼう…1/2本
ごま油…大さじ1/2
にんにく…1片
赤唐辛子(輪切り)…1本
ハニー照り焼きだれ
　　　…大さじ1
白いりごま…小さじ1

作り方

1 れんこんとごぼうはひと口大の乱切りにする。にんにくは包丁の腹でつぶす。
2 フライパンにごま油、にんにく、赤唐辛子を入れて中火で熱し、香りが出てきたられんこんとごぼうを加えて炒める。
3 油がまわったらハニー照り焼きだれを加え、からめながら炒め煮にする。
4 煮汁が残りわずかになり、とろみが出てきたら、いりごまを加えてからめる。

ハニー照り焼きだれで 甘めの味がご飯に合う!
小松菜の煮びたし

材料／2人分

小松菜…1/2把
ハニー照り焼きだれ…大さじ2
水…大さじ2
削り節(だしパックに入れる)
　…1袋(3g)
削り節(上に散らす)…適量

作り方

1. 小松菜は固めにゆでて水けを絞り、4〜5cm長さに切る。
2. ボウルにハニー照り焼きだれと水を混ぜ合わせ、小松菜を加えてあえ、削り節を入れただしパックをのせてしばらく置く。
3. 汁ごと器に盛り、削り節を散らす。

お手軽だれ・3

ねぎ塩だれ

焼き肉でおなじみのあの味を基本調味料で再現。さっぱり塩味なのに、濃厚さもあり！

材料／作りやすい分量・2〜3回分
- 長ねぎ（みじん切り）…1/2本
- チューブにんにく…2cm
- ごま油…大さじ4
- 塩…小さじ1/4
- 削り節（もんで粉状にする）…1袋(5g)

作り方
よく混ぜて出来上がり！

● 使い方のヒント
焼いた肉はもちろん、魚介の味つけや炒め物、焼きそばの味つけに重宝。
野菜1種だけでも、このたれを使えば濃厚なうまみを加えてくれる。

● 保存方法
清潔な密閉ビンなどに入れ、冷蔵庫で約5日間。

ねぎ塩だれで かき込みたくなるウマさ！

豚の塩だれ丼

材料／2人分

豚ばら焼き肉用肉…4枚
ご飯…どんぶり2杯分
カイワレ大根…1/4パック
青じそ…5枚
サラダ油…適量
ねぎ塩だれ…大さじ2〜

作り方

1. 豚肉はひと口大に切り、ねぎ塩だれ大さじ2をもみ込む。
2. カイワレ大根はざく切りにし、青じそはせん切りにする。
3. フライパンにサラダ油を中火で熱し、1の豚肉の両面をこんがりと焼く。
4. 器にご飯を盛り、カイワレ大根を広げ、2の肉をのせる。たれを少量かけて青じそをトッピングする。

ねぎ塩だれで タネの味つけに使います！

えびっぷり水餃子

材料/2人分
餃子の皮…10枚
タネ
 豚ひき肉…100g
 むきえび…50g
 にら…1茎
 ねぎ塩だれ…小さじ2
 片栗粉…小さじ1
ねぎ塩だれ(つけだれ用)…適量

作り方
1. むきえびは細かくたたき、にらはみじん切りにする。
2. ボウルに餃子の**タネ**の材料をすべて入れ、ねばりけが出るまで全体を混ぜ合わせ、1/10量ずつ餃子の皮で包む。
3. たっぷりの湯で **2** をゆで、浮いてきたら水に取り、すぐに水けをきって器に盛る。たれをつけていただく。

31　Part 1　混ぜるだけ！ お手軽だれ

ねぎ塩だれで なすのジューシーさが倍増!

なすの塩だれソテー

材料／2人分
なす…2本
サラダ油…大さじ1
ねぎ塩だれ…適量

作り方
1 なすは輪切りにする。フライパンにサラダ油を中火で熱し、両面をこんがりと焼く。
2 器に盛り、ねぎ塩だれをかける。

ねぎ塩だれで ポリポリといくらでもイケる！

たたききゅうりのねぎ塩だれ

材料／2人分
きゅうり…1本
塩…少々
ねぎ塩だれ…適量

作り方

1. きゅうりは塩をすり込み、麺棒などで叩いてから、手でひと口大に割る。
2. 器に盛り、ねぎ塩だれをかける。

お手軽だれ・4

はちみつみそだれ

材料2つと超簡単ながら、使い勝手は抜群！ 甘いみそだれがひとつあれば、しょうゆに偏りがちな味つけに幅が出ます

材料／作りやすい分量・2〜3回分
みそ…大さじ4
はちみつ…大さじ2

作り方
よく混ぜて出来上がり！

● **使い方のヒント**
濃度があり固めのたれなので、やわらかくゆるめて使いたいときは酒やだし汁などでのばすとよい。
みそ煮、みそ炒め、田楽などがすぐ作れる。

● **保存方法**
清潔な密閉ビンなどに入れ、冷蔵庫で約2週間。

はちみつみそだれで ただ煮るだけです！

さばのみそ煮

材料／2人分

さばの切り身(3枚おろし)…1枚
煮汁
　だし汁…1/2カップ
　酒…1/2カップ
　はちみつみそだれ…大さじ5
　しょうが(せん切り)…1/2片

作り方

1 さばは2等分に切り、皮目の厚いところに十字に切り込みを入れる。
2 鍋に**煮汁**の材料をすべて入れてよく溶かし混ぜ、煮立てる。さばを入れて再び煮立ったらキッチンペーパーで落としブタをして、くつくつと弱火で10分ほど煮る。

はちみつみそだれで とろーりと味がからみます！

鶏もも肉のみそ照り焼き

材料／2人分

鶏もも肉…1枚
塩、こしょう…各適量
オリーブオイル…大さじ1
A | はちみつみそだれ…大さじ1
　　| 水…大さじ1/2
バター…大さじ1/2

作り方

1. 鶏肉は余分な脂を除き、厚い部分は切り開いて厚さを均一にし、塩、こしょうを全体にまぶす。
2. フライパンにオリーブ油を中火で熱し、1の肉を皮目を下にして入れ、弱めの中火でじっくりと焼く。
3. 両面をこんがりと焼いたらフタをし、弱火で5分ほど焼く。火が通ったら、**A** を混ぜ合わせて回しかけ、煮汁を鶏肉にからめながら中火で煮詰める。
4. 汁けがほとんどなくなったら、バターを加えて肉全体にからめ、器に盛る。

はちみつみそだれで こんもりした形がキュート！
ゆでキャベツと豆苗の帽子サラダ

材料／2人分

キャベツ…1/4個
豆苗…1パック
A はちみつみそだれ…大さじ2
　　ごま油…小さじ1

作り方

1. キャベツは太めのせん切りにする。
2. 小さめのザルに野菜を押し込み、沸騰している湯に浸してゆでる。
3. ザルを上げて湯をきり、器に伏せるようにして盛り、**A**をよく混ぜ合わせてかける。

はちみつみそだれで 甘めのおにぎりとだし汁が合う!

焼きおにぎり茶漬け

材料／2人分

温かいご飯…茶碗に2杯分
はちみつみそだれ…大さじ2
サラダ油…少々
だし汁…適量
三つ葉…少々

作り方

1. ご飯は1/4量ずつでおにぎりを握り、両面にはちみつみそだれを塗る。
2. フライパンにサラダ油を熱して **1** のおにぎりを入れ、両面を1〜2分ずつこんがりと焼く。
3. 器におにぎりを入れ、熱々のだし汁を注ぎ、三つ葉をのせる。

お手軽だれ・5

韓国風ピリ辛だれ

韓国風の味つけがバッチリ決まる、エスニックテイストの
たれ。ごま油とにんにく入りの、深みのあるうまみが魅力！

材料／作りやすい分量・2〜3回分
しょうゆ…大さじ3
コチュジャン…大さじ1
砂糖…大さじ1
ごま油…大さじ1
チューブにんにく…2cm

作り方
よく混ぜて出来上がり！

● 使い方のヒント
具材と一緒にあえるだけ、かけるだけで簡単に韓国風おかずが完成。淡白な魚介や豆腐、野菜をパンチのある味に仕立ててくれる。

● 保存方法
清潔な密閉ビンなどに入れ、冷蔵庫で約5日間。

韓国風ピリ辛だれで ヘルシーなのに濃厚で大満足！

えびとアボカドのユッケ風

材料／2人分

アボカド…1/2個
むきえび(生食用)…2尾
韓国風ピリ辛だれ…大さじ1〜2
卵黄…1個分
長ねぎ(みじん切り)…少々
糸唐辛子(あれば)…少々

作り方

1. アボカドは2cm角に切る。えびは3等分に切る。
2. ボウルにアボカドとえびを入れ、韓国風ピリ辛だれを加えて混ぜ合わせる。
3. 器に盛り、卵黄をのせ、長ねぎ、糸唐辛子をのせる。

韓国風ピリ辛だれで パンチのある豆腐料理!

冷や奴サラダ

材料/2人分

絹豆腐…1/2丁
万能ねぎ(小口切り)…適量
韓国のり…3枚
A 韓国風ピリ辛だれ…大さじ1
　ごま油…小さじ1/2

作り方

1 豆腐はキッチンペーパーなどで包んで水切りし、1cm厚さに切り分ける。

2 Aをよく混ぜ合わせる。

3 器に豆腐を盛り、2のたれをかけ、万能ねぎとちぎった韓国のりを散らす。

韓国風ピリ辛だれで 麺と具材の両方にからめて！

海鮮ビビン麺

材料／2人分

中華生麺(またはインスタント
　ラーメンの麺)…2玉
いか、まぐろ、鯛などの刺身
　…各6切れ
サンチュ…1株
春菊…2茎
A｜韓国風ピリ辛だれ
　　…大さじ2
　｜ごま油…小さじ1/2

作り方

1 麺は固めにゆでてザルに上げ、冷水に取ってもみ、よく水けをきる。**A**を混ぜ合わせ、そのうち大さじ1を麺に加えてあえる。

2 サンチュは食べやすくちぎり、春菊は葉をつむ。

3 ボウルに刺身を入れ、残りの**A**を加えてあえる。

4 器にサンチュを広げ、その上に**1**の麺を盛り、**3**の刺身と春菊をのせる。

お手軽だれ・6

甘辛コチュジャンだれ

韓国の甘辛みそと日本のみそをブレンド。甘みが強いので万人好みで、ご飯がすすむおかず作りに大活躍

材料／作りやすい分量・2～3回分

砂糖…大さじ3
コチュジャン…大さじ2
みそ…大さじ1
酒…大さじ1

作り方
よく混ぜて出来上がり！

● **使い方のヒント**
一般的な甘辛だれのような感覚で使って。焼き物や、炒め物の味つけのほか、だし汁や水でのばせば煮物にも！

● **保存方法**
清潔な密閉ビンなどに入れ、冷蔵庫で約5日間。

甘辛コチュジャンだれで 手づかみで大胆にどうぞ！

手羽中の韓国風照り焼き

材料／2人分
鶏手羽中…8〜9本
甘辛コチュジャンだれ
　…大さじ2
サラダ油…大さじ1

作り方

1. 手羽中は火の通りが均一になるよう、骨に沿って浅く切り込みを入れる。甘辛コチュジャンだれをもみ込み、30分ほど置く。
2. フライパンにサラダ油を中火で熱し、**1**の手羽中を皮目を下にして焼く。焼き目がついたら裏返し、フタをして中まで火を通す。
3. フタを取り、火をやや強めて水分を飛ばす。

甘辛コチュジャンだれで 筒切りで魚初心者でも大成功！

サンマの筒切り煮込み

材料／2人分

サンマ…2尾
にんにく…1片
赤唐辛子…1本

煮汁
　甘辛コチュジャンだれ…大さじ5
　水…150mℓ

作り方

1. サンマは頭を切り落とし、4cm幅の筒切りにする。ワタを除いてよく水洗いし、水けをしっかり拭く。にんにくは包丁の腹でつぶす。
2. 鍋に煮汁の材料、にんにく、赤唐辛子を入れて煮立て、1のサンマを並べ入れる。
3. 落としブタ（キッチンペーパーまたはアルミホイルで）をし、さらに鍋のフタもして、弱火で10〜15分煮る。
4. フタをすべて取り、中火で煮汁が半量になるまで煮詰める。

甘辛コチュジャンだれで この2つは黄金のコンビ！

いかとセロリの韓国風炒め

材料／2人分

いか…1杯
セロリ…1本
パプリカ(赤・黄)
　…各1/4個
ピーマン…1個
サラダ油…適量
酒…大さじ1
甘辛コチュジャンだれ
　…大さじ2
ごま油…小さじ1/2

作り方

1. いかは足を持ってワタを引き抜き、軟骨も除いて水洗いし、水けを拭く。足についた目とくちばしは切り落とす。胴は輪切りにし、えんぺらや足は食べやすく切り分ける。
2. セロリは5mm幅の斜め切りにし、葉は細切りにする。パプリカ、ピーマンは2cm角に切る。
3. フライパンにサラダ油を中火で熱し、セロリの葉を炒め、しんなりしたら、いか、パプリカ、ピーマン、セロリを順に加える。酒を回しかけ、フタをして強火で1分ほど蒸し焼きにする。
4. 甘辛コチュジャンだれを加えてからめ、仕上げにごま油を回しかける。

お手軽だれ・7

にんにく豆板醤だれ

**豆板醤のパンチが効いたしょうゆベースのうま辛だれ。
にんにく、しょうがの風味も豊かな大人の味わい**

材料／作りやすい分量・2〜3回分

しょうゆ	…大さじ4
酢	…大さじ2
豆板醤	…小さじ1
チューブにんにく	…4cm
チューブしょうが	…4cm

作り方
よく混ぜて出来上がり！

● **使い方のヒント**
さらりとした使いやすい濃度なので、かけだれ、漬けだれに最適。焼きそば、焼きうどんなどの炒め麺や、炒め物全般の味つけにも。

● **保存方法**
清潔な密閉ビンなどに入れ、冷蔵庫で約5日間。

にんにく豆板醤だれで 揚げ焼きの卵がおかずに!

半月目玉焼き

材料／2人分
卵…2個
サラダ油…大さじ3
にんにく豆板醤だれ…大さじ2

作り方
1 フライパンにサラダ油を中火で熱し、卵を割り落として焼く。
2 表面が焼けてきたら半分に折り、好みの固さまで揚げ焼きにする。器に盛り、にんにく豆板醤だれをかける。

にんにく豆板醤だれで 揚げ根菜が香ばしい！

根菜の揚げびたし

材料／2人分

れんこん(小)…1節
ごぼう…1/4本
さといも…4個
パプリカ(赤・黄)…各1/2個
揚げ油…適量
A にんにく豆板醤だれ…大さじ4
　EXバージンオリーブ
　　オイル…大さじ2

作り方

1 れんこんは7～8mmの輪切り、ごぼうは1cm厚さの斜め切りにする。さといもは2等分にし、パプリカは縦に1cm幅に切る。

2 バットなどにAをよく混ぜ合わせる。

3 揚げ油を160～170度に熱し、1を素揚げにし、油をきって2の漬けだれに浸す。

にんにく豆板醤だれで 牛肉入りでがっつり感満点!
スタミナ焼きそば

材料／2人分

中華蒸し麺…2玉
牛焼き肉用肉…100g
玉ねぎ…1/2個
にんじん…5cm
にら…1/2把
もやし…1/2袋
酒…大さじ2
サラダ油…適量
にんにく豆板醤だれ…大さじ3
塩、こしょう、ごま油…各少々
フライドガーリック(市販品)
　…小さじ2

作り方

1 牛肉ににんにく豆板醤だれ大さじ1をからめる。中華麺は酒をふり、ほぐす。

2 玉ねぎは薄切り、にんじんは斜め薄切りにする。にらは5cm長さに切る。

3 フライパンにサラダ油を中火で熱し、1の牛肉を炒め、色が変わったら野菜を加えて炒める。1の麺を酒とともに加え、さらに炒める。

4 残りのたれを加えて炒め合わせ、塩、こしょうで味を調えたら、ごま油をたらしてひと混ぜする。器に盛り、ガーリックをくだいて散らす。

お手軽だれ・8

みそマヨだれ

和洋の人気調味料が合体！ うまみとコクがアップされ、使いやすい万能だれです。すりごま入りで風味抜群！

材料／作りやすい分量・2〜3回分
みそ…大さじ4
マヨネーズ…大さじ2
白すりごま…小さじ1

作り方
よく混ぜて出来上がり！

● **使い方のヒント**
そのままゆでた野菜や肉、魚につけるだけでおいしい。焼き物のソース代わりに使うと、ほどよい焼き目がつき、簡単にグラタン風のおかずが完成。

● **保存方法**
清潔な密閉ビンなどに入れ、冷蔵庫で約4日間。

みそマヨだれで 野菜の甘さと絶妙にマッチ！

カリフラワーのみそマヨ焼き

材料／2人分
カリフラワー…1/2個
みそマヨだれ…大さじ2

作り方
1. カリフラワーは小房に分け、ゆでる。
2. 耐熱容器にカリフラワーを並べ、みそマヨだれを塗り、オーブントースター（1000W）で、焦げ目がつくまで約2分焼く。

みそマヨだれで ピリリと大人味の超簡単ドリア！

山椒チーズご飯

材料／2人分

温かいご飯…茶碗山盛り1杯分
バター…小さじ1
塩、こしょう…各少々
みそマヨだれ…大さじ2
ピザ用チーズ…大さじ2
粒山椒…小さじ1

作り方

1. 温かいご飯にバターを混ぜ、塩、こしょうをふってよく混ぜる。
2. 耐熱容器に薄くバター（分量外）を塗って **1** のご飯を入れ、みそマヨだれを全体にのばし、ピザ用チーズ、粒山椒を散らす。
3. オーブントースター（1000W）で、チーズが溶け、ほどよい焦げ目がつくまで焼く。

みそマヨだれで しらすのうまみがカギ！

ねぎとしらすのトースト

材料／2人分
食パン…2枚
しらす…大さじ2
万能ねぎ(小口切り)…適量
みそマヨだれ…大さじ2

作り方
1 食パンにみそマヨだれを塗り、しらす、万能ねぎを散らす。
2 オーブントースター(1000W)で、うっすらと焼き目がつくまで焼く。

みそマヨだれで おつまみにぜひ！
ちくわのみそマヨ焼き

材料／2人分
ちくわ…2本
みそマヨだれ…大さじ2
七味唐辛子…少々

作り方
1. ちくわは縦半分に切り、くぼんだ部分にみそマヨだれを塗る。
2. オーブントースター（1000W）で、うっすらと焦げ目がつくまで焼き、七味唐辛子をふる。

お手軽だれ・9

タイ風だれ

**甘くて辛くてすっぱいタイの味つけならこのたれにおまかせ。
辛さは赤唐辛子の量で好みの加減に調節を**

材料／作りやすい分量・2〜3回分
ナンプラー…大さじ2
レモン汁…大さじ2
はちみつ…小さじ1
にんにく(みじん切り)…1片
赤唐辛子(輪切り)…1本

作り方
よく混ぜて出来上がり！

● 使い方のヒント
そのまま味つけ、つけだれに使えるほか、油を加えればドレッシングにもなり、タイ風サラダがすぐ作れる。アジア系の汁麺の複雑な味わいのベースにもなる。

● 保存方法
清潔な密閉ビンなどに入れ、冷蔵庫で約5日間。

タイ風だれで 具の味つけとつけだれ両方に！

揚げ春巻き

材料／2人分

春巻きの皮(小)…8枚
具 | 豚ひき肉…100g
　　ビーフン…5g
　　香菜…1茎
　　タイ風だれ…大さじ1
　　塩、こしょう…各少々
　　粗挽きチリペッパー
　　（または一味唐辛子）…少々
揚げ油…適量
タイ風だれ(つけだれ用)…適量

作り方

1 ビーフンはぬるま湯に浸して戻し、1〜2cm長さに切る。香菜はみじん切りにする。

2 ボウルに具の材料を入れてよく混ぜ合わせ、1/6量ずつ春巻きの皮で包む。

3 揚げ油を170〜180度に熱し、2の春巻きをこんがりと揚げる。器に盛り、タイ風だれをつけていただく。

タイ風だれで 味がしみたころが食べ頃！

春雨とセロリのタイ風サラダ

材料／2人分
春雨…50g
セロリ…1/2本
紫玉ねぎ…1/2個
プチトマト…8個
干しえび…大さじ2
バターピーナッツ
　…大さじ3
タイ風だれ…大さじ1
ごま油…少々

作り方
1 春雨は湯に浸して戻し、食べやすく切る。セロリは筋を除いて輪切りにし、葉は粗みじん切りにする。玉ねぎは薄切りにして水にさらし、水けをきる。プチトマトは半分に切る。
2 干しえびはひたひたの湯に30分ほどつけて戻し、粗みじん切りにする。戻し汁は取り置く。
3 フライパンでバターピーナッツをから煎りし、叩いてくだく。
4 ボウルに 1、2、3 を合わせ、タイ風だれ、ごま油を加えて混ぜ合わせたら、しばらく置いて味をなじませる。

タイ風だれで スープにうまみが凝縮！

フォー風汁ビーフン

材料／2人分

ビーフン…100g
水菜…2株
桜えび…大さじ2
スープ
　水…2カップ
　タイ風だれ…小さじ1〜2
　顆粒鶏ガラスープの素…小さじ4

作り方

1. ビーフンはたっぷりの湯に浸して戻し、冷水に取ってさっと水洗いする。水菜はざく切りにする。
2. 鍋に**スープ**の材料を入れて温め、**1**のビーフンを加えて温める。
3. 器に**2**を汁ごと盛り、水菜、桜えびをのせる。

お手軽だれ・10

バンバンだれ

ピーナッツバターをベースにした濃厚な無国籍風のたれ。
粒々感が残る無糖のチャンクタイプを使うのがコツ!

材料／作りやすい分量・2〜3回分

ピーナッツバター
　（チャンクタイプ）…大さじ3
酢…大さじ1
しょうゆ…小さじ1
豆板醤…小さじ1
ごま油…小さじ1

作り方
よく混ぜて出来上がり!

● **使い方のヒント**
濃厚で、食べ応えのあるたれなので、淡白な豆腐や野菜、鶏肉などによく合う。濃度があるので、あえごろものような感覚で使うといい。

● **保存方法**
清潔な密閉ビンなどに入れ、冷蔵庫で約4日間。

バンバンだれで トースターで手軽！
厚揚げのバンバン焼き

材料／2人分
厚揚げ…1枚
バンバンだれ…大さじ2
白すりごま…少々

作り方

1. 厚揚げは8等分に切り、耐熱皿に並べる。
2. バンバンだれを等分に塗り、すりごまをふり、オーブントースター（1000W）でうっすらと焦げ目がつくまで、2〜3分焼く。

バンバンだれで よーくからめて召し上がれ！
汁なしうどん

材料／2人分

冷凍うどん…2玉
鶏ささ身…2本
酒…小さじ2
カイワレ大根…適量
A | バンバンだれ…大さじ2
　| めんつゆ(3倍濃縮)…小さじ4

作り方

1. ささ身は耐熱皿に入れて酒をふり、ラップをかけて電子レンジ(600W)で2分加熱する。取り出して粗熱が取れたら手で裂く。
2. うどんは表示通りにゆで、ザルに上げて水けをきる。
3. 器に2のうどんを盛り、Aをよく混ぜ合わせてかけ、1のささ身、カイワレ大根をのせる。

バンバンだれで たれたっぷりがおいしい！

白菜の生春巻き風

材料／2人分

白菜…4枚
鶏ささ身…1本
パプリカ(赤)…1/2個
きゅうり…1/2本
酒…少々
つけだれ
　バンバンだれ
　　…大さじ1
　ナンプラー…小さじ1
　水…大さじ1

作り方

1 白菜は1枚ずつ塩(分量外)ゆでし、水にさらして水けを絞る。葉っぱと茎に切り分け、茎はさらに水けを絞って細切りにする。

2 ささ身は酒をふってラップで包み、電子レンジ(600W)で1分加熱し、粗熱が取れたら手で裂く。パプリカ、きゅうりは細切りにする。

3 1の白菜の葉を広げ、1の白菜の茎、2のささ身、パプリカ、きゅうりをのせ、手前から巻き、器に盛る。つけだれの材料を混ぜ合わせて添え、春巻きをつけていただく。

お手軽だれ・11

塩ヨーグルトソース

**ほんのり塩味がするだけのクリーミィな真っ白いソース。
ヨーグルトを気軽に料理に取り入れられます**

材料／作りやすい分量・2〜3回分

プレーンヨーグルト(無糖)
　…200g

塩…10g(ヨーグルトの5%)

作り方
よく混ぜて出来上がり！

● 使い方のヒント
肉や魚をふっくら、やわらかくする効果があるので、漬け焼きのつけだれに最適。スープのベースやドレッシング、マヨネーズに混ぜ込んでも。

● 保存方法
清潔な密閉ビンなどに入れ、冷蔵庫で約1週間。

塩ヨーグルトソースで 漬けておけばあとは焼くだけ！

タンドリーチキン風

材料／2人分

鶏手羽元…5〜6本
塩ヨーグルトソース
　…大さじ4
カレー粉…小さじ1/2

作り方

1 手羽元はフォークで数カ所穴を開ける。
2 ポリ袋などに塩ヨーグルトソースとカレー粉をよく混ぜ合わせ、**1**の肉を加えてまんべんなくもみ込み、一晩冷蔵庫で漬ける。
3 オーブントースター（1000W）で7〜8分こんがりと焼き（焦げそうになったらアルミホイルをかぶせる）、器に盛る。

塩ヨーグルトソースで 身がしっとりしてうまみもアップ！
ぶりの塩ヨーグルト漬け焼き

材料／2人分
ぶりの切り身…2切れ
塩ヨーグルトソース
　…大さじ2
昆布…4cm角を1枚

作り方
1. ポリ袋などに塩ヨーグルトソース、昆布を入れ、ぶりを加えてまんべんなくからめ、冷蔵庫で一晩漬ける。
2. 表面のたれをぬぐい、魚焼きグリルで7〜8分、両面を焼く。

塩ヨーグルトソースで 暑い夏に最高ののどごし!
きゅうりのコールドスープ

材料／2人分

きゅうり…2本
牛乳…2カップ
塩ヨーグルトだれ
　…大さじ2
EXバージンオリーブオイル
　…少々
クミンシード(あれば)…少々

作り方

1 きゅうりはすりおろす。
2 ボウルに **1** のきゅうり、牛乳、塩ヨーグルトソースをよく混ぜ合わせ、冷蔵庫で冷やす。
3 器に注ぎ、オリーブオイルをたらし、あればクミンシードをふる。

お手軽だれ・12

レモン塩

たれというよりは味のベースとしておすすめ。少し加えるだけで、柑橘系の酸味と風味が料理を格上げ！

材料／作りやすい分量

| レモン（輪切り）…1個 |
| 塩（自然塩）…100g |

作り方

密閉容器に、レモンと塩（自然塩）を交互に重ねる。翌日から使える。

● **使い方のヒント**

塩だけを普通の塩と同じように使っても、レモンと一緒に使ってもよい。料理のほか、ドレッシング、鍋のつけだれに加えても。ゆず、かぼすなどで作ってもいい。

● **保存方法**

清潔な密閉ビンなどに入れ、冷蔵庫で約6カ月間。

レモン塩で 野菜の甘みが堪能できます！

グリル野菜のレモン塩添え

材料／2人分

キャベツ…1/8個
パプリカ(赤・黄)…各1/4個
ズッキーニ…1/2本
レモン塩…適量
EXバージンオリーブオイル
　…適量

作り方

1. キャベツはくし形切りにし、パプリカは縦に食べやすく切り分ける。ズッキーニは縦半分に切り、長さを半分に切る。
2. フライパンまたはグリルパンにオリーブオイルを中火で熱し、1の野菜を両面焼き、器に盛る。
3. オリーブオイルにレモン塩を混ぜて2に添え、野菜につけていただく。

レモン塩で さわやか風味がたまらない！

水切り豆腐のサラダ

材料／2人分

木綿豆腐…1/3丁
きゅうり…1/4本
スプラウト…少々
フリルレタス…2枚
ドレッシング
　レモン塩…小さじ1/3
　EXバージンオリーブ
　　オイル…大さじ2
　しょうゆ…少々

作り方

1. 豆腐はキッチンペーパーなどで包んでしばらく置き、しっかり水切りをして、2cm角に切る。
2. きゅうりは乱切りにし、レタスはちぎる。スプラウトはざく切りにする。
3. 器に **2** の野菜、**1** の豆腐を盛る。**ドレッシング**の材料をよく混ぜ合わせ、かける。

レモン塩で 見た目も味もおしゃれ〜で簡単！

レモンとしらすのパスタ

材料／2人分

フジッリ…200g
玉ねぎ…1/4個
釜揚げしらす…大さじ3
レモンの皮…1個分
レモン塩…小さじ1/3
EXバージンオリーブオイル
　…大さじ1

作り方

1 パスタはたっぷりの湯に塩（分量外・湯の1％）を入れ、表示時間通りにゆでる。
2 玉ねぎは薄切りにし、レモン塩少々（分量外）をふって水けを絞る。レモンの皮はすりおろす。
3 パスタがゆで上がったらザルに上げ、ボウルに入れる。玉ねぎ、しらす、レモン塩、レモンの皮、オリーブオイルを加えてよくあえる。

アンチョビハーブだれ

たっぷりのオイルに生ハーブとアンチョビをプラス。
風味豊かな万能オイルがあれば、本格味が簡単に

材料／作りやすい分量・2〜3回分
- アンチョピ（みじん切り）…3枚
- タイム、ローズマリー…各1枝
- EXバージンオリーブオイル…1/4カップ

作り方
よく混ぜて出来上がり！

● **使い方のヒント**
オリーブオイルの代わりに使うだけで、料理のうまみと風味がアップする。パスタやサラダ、あえ物などに使っても。

● **保存方法**
清潔な密閉ビンなどに入れ、冷蔵庫で約1週間。

アンチョビハーブだれで からめるだけでゆでじゃがが極ウマ!

アンチョビハーブポテト

材料／2人分

じゃがいも…2個
塩…少々
アンチョビハーブだれ
　…小さじ2
粗挽き黒こしょう…少々

作り方

1 じゃがいもは皮をむいて乱切りにし、水からゆでる。ゆで上がったら湯をきって再び火にかけ、塩をふり、水分を飛ばして粉ふきいもにする。

2 1にアンチョビハーブだれを加えてからめ、器に盛り、こしょうをふる。

アンチョビハーブだれで オイルできのこのうまみが全開!

きのこのアヒージョ

材料／2人分

きのこ
(しいたけ、マッシュルーム、しめじ、えのきだけ)
　…合計1カップ
アンチョビハーブだれ…大さじ4
オリーブオイル…大さじ4
にんにく(縦半分に切る)…2片
塩…少々

作り方

1. しいたけとマッシュルームは縦に4つ割り、しめじとえのきだけは小房に分ける。
2. 直火にかけられる耐熱容器に材料をすべて入れ、弱火にかける。
3. きのこに火が通ったら出来上がり。

アンチョビハーブだれで 前菜みたいなおしゃれ度！
イタリアン焼きおにぎり

材料／2人分

温かいご飯…茶碗多めに1杯分
プロセスチーズ…約30g
トマトケチャップ…大さじ1
塩、粗挽き黒こしょう…各少々
アンチョビハーブだれ…大さじ1

作り方

1. チーズは5mm角に切る。
2. 温かいご飯に **1** のチーズ、ケチャップ、塩、こしょうを加えてよく混ぜ合わせ、おにぎりを2個作る。
3. フライパンにアンチョビハーブだれを中火で熱し、**2** のおにぎりを入れ、焦がさないように両面を弱火でじっくりと焼く。

お手軽だれ・14

ごまマスタードだれ

マスタードに練りごまとマヨネーズを加えてたこっくり味。
食べたことのないおいしさは、マンネリ打破のカギに

材料／作りやすい分量・2～3回分

粒マスタード…大さじ1
白練りごま…大さじ1
マヨネーズ…大さじ1/2
しょうゆ…小さじ1/2

作り方
よく混ぜて出来上がり！

● **使い方のヒント**
野菜につけても、サンドイッチに塗っても美味。炒め物の味つけのほか、スープの素と一緒に煮込めばシチューにもなる、変幻自在のたれ。

● **保存方法**
清潔な密閉ビンなどに入れ、冷蔵庫で約4日間。

ごまマスタードだれで お好み焼き風でふんわり！

豚入りチヂミ

材料／2人分

豚ばら薄切り肉…2枚
にら…1/4把
しいたけ…1枚
生地
　水、薄力粉…各大さじ4
　卵…2個
　ごまマスタードだれ
　　…大さじ1
　塩…少々
ごま油…大さじ1

作り方

1. にらは4cm長さに切り、しいたけは薄切りにする。
2. **生地**を作る。ボウルに水、薄力粉を入れてよく混ぜ、卵、ごまマスタードだれを加えて混ぜ合わせたら、**1**の野菜を加えてざっと混ぜる。
3. フライパンにごま油を中火で熱し、**2**を流し入れて焼く。
4. 周囲が乾いてきたら、上に豚肉を並べて裏返し、ときどきヘラで押さえつけながら2〜3分焼く。切り分けて器に盛る。

ごまマスタードだれで チャプチェの洋風版

春雨炒め

材料／2人分

緑豆春雨…40g
ソーセージ…2本
しいたけ…1枚
ピーマン…1個
にんじん…4cm
しょうが(みじん切り)…1片
サラダ油、ごま油…各少々
酒…大さじ1
ごまマスタードだれ…大さじ2
塩…少々
白いりごま…適量
炒り卵…卵1個分

作り方

1 春雨は湯で戻して水けをきり、食べやすく切る。ソーセージは薄切りにし、野菜は細切りにする。

2 フライパンにサラダ油とごま油を熱してしょうがを炒め、香りが出たらソーセージ、野菜を順に加えて炒め合わせる。

3 酒を加えて炒め、しんなりしてきたらごまマスタードだれを加えて炒め合わせる。味が薄いようなら塩で調える。

4 ボウルに取り出し、1の春雨、いりごま、炒り卵を加えてあえる。

ごまマスタードだれで 煮汁に溶かして複雑な味を簡単に！

チキンストロガノフ風煮込み

材料／2人分

鶏もも肉…1枚
玉ねぎ…1/2個
しめじ…1/3パック
えのきだけ…1/4パック
薄力粉…適量
バター…大さじ1
白ワイン…1/2カップ
A │ 生クリーム…1カップ
　│ ごまマスタードだれ
　│ 　…大さじ2
　│ 顆粒コンソメスープの素
　│ 　…小さじ1
塩、こしょう…各適量
イタリアンパセリ…少々

作り方

1. 玉ねぎは薄切りにし、きのこ類は小房に分ける。
2. 鶏肉はひと口大に切り、塩、こしょうをふり、薄力粉をまぶして余分な粉をはたく。
3. フライパンにバターを中火で熱し、**1**の玉ねぎを炒め、しんなりしたら**2**の鶏肉を加えて焼きつけ、白ワインを加えて炒め合わせる。
4. きのこを加えてひと煮立ちしたら、**A**を加えて10分ほど煮る。鶏肉に火が通ったら、塩、こしょうで味を調え、器に盛り、ざく切りにしたイタリアンパセリをふる。

お手軽だれ・15

サワークリームソース

コクがあるのにさわやかなサワークリームをソースに。生クリーム感覚で使えてヘルシーなのが嬉しい!

材料／作りやすい分量・2〜3回分

サワークリーム…180㎖
レモンの皮のすりおろし
　（国産）…1個分

作り方
よく混ぜて出来上がり!

● **使い方のヒント**
クリーミィに仕上げたい料理に、生クリームや牛乳の代わりに使えば、重くなりすぎない仕上がりに。塩分が入っていないので味つけはその都度調節を。

● **保存方法**
清潔な密閉ビンなどに入れ、冷蔵庫で約4日間。

サワークリームソースで濃厚すぎずにちょうどいい！

ブルーチーズパスタ

材料／2人分

フェトチーネ…180g
ブルーチーズ…30g
バター…大さじ2
サワークリームソース
　…大さじ6
塩…少々
パルメザンチーズ
　（または粉チーズ）…少々

作り方

1. フェトチーネはたっぷりの湯に塩（分量外・湯の1％）を入れ、表示時間通りにゆでる。
2. フライパンにバターを溶かし、サワークリームソースとブルーチーズを加えて混ぜる。
3. ゆで上がったフェトチーネをザルに上げて水けをきり、2に加え、塩で味を調える。器に盛り、パルメザンチーズを削ってかける。

サワークリームソースで 不思議とご飯に合う洋風おかず！

ハンガリアンシチュー

材料／2人分

牛こま切れ肉…150g
玉ねぎ(小)…1/2個
マッシュルーム…4個
白ワイン…1/2カップ
顆粒コンソメスープの素
　…小さじ1
サワークリームソース
　…1/2カップ
バター…大さじ2
塩、こしょう…各適量
パプリカパウダー…少々

作り方

1 玉ねぎ、マッシュルームは薄切りにする。
2 鍋にバター大さじ1を中火で熱し、**1**の玉ねぎを炒め、しんなりしたら牛肉、マッシュルームを加えて炒める。
3 肉の色が変わったら白ワイン、コンソメを加え、ひと煮立ちしたらフタをして弱火で5分煮る。
4 サワークリームソースを加え、溶けるまで火を通し、残りのバターを加える。塩、こしょうで味を調え、パプリカパウダーをふる。

サワークリームソースで クリーミィさがクセになる！

しらす入りサワーポテサラ

材料／2人分

じゃがいも(大)…2個
しらす…大さじ2
塩…少々
サワークリームソース…大さじ3

作り方

1. じゃがいもは皮をむいてひと口大に切り、水からゆでる。湯をきって再び火にかけ、塩をふり、水けを飛ばして粉ふきいもにする。
2. 1のじゃがいもをボウルに入れ、粗熱が取れたらサワークリームソースを加え、粗くつぶしながら混ぜる。
3. 完全に冷めたら、しらすを加え、混ぜ合わせる。

お手軽だれ・16

グリーンカレーソース

市販のカレーペーストをカレー以外の料理に使える万能ソースにアレンジ。エスニックな味わいがもっと身近に!

材料／作りやすい分量・2〜3回分
グリーンカレーペースト
　（市販品）…小さじ2
ココナツミルク…1カップ
ナンプラー…少々

作り方
よく混ぜて出来上がり!

● **使い方のヒント**
そのまま使うよりも、加熱して使うのがおすすめ。炒め物や炒飯の味つけに使うほか、このまま具材、水分と一緒に煮てカレーやスープに。

● **保存方法**
清潔な密閉ビンなどに入れ、冷蔵庫で約4日間。

グリーンカレーソースで エスニック味の簡単炒め

たけのこのグリーンカレーソテー

材料／2人分
鶏ひき肉…50g
ゆでたけのこ…1/2個
グリーンカレーソース
　…大さじ1
香菜…1茎
サラダ油…小さじ1

作り方

1. たけのこは5mm厚さに切り、香菜は茎はみじん切りにし、葉はざく切りにする。
2. フライパンにサラダ油を熱し、ひき肉を炒める。色が変わったら1のたけのこ、香菜の茎、グリーンカレーソースを加えて炒め合わせる。
3. 器に盛り、香菜の葉をのせる。

グリーンカレーソースで ご飯にソースを混ぜてから炒めます！

タイ風炒飯

材料／2人分

温かいご飯…どんぶり1杯分
スライスベーコン…1枚
パプリカ(赤)…1/8個
万能ねぎ(小口切り)…2本分
もやし…1/3袋
グリーンカレーソース…大さじ2
サラダ油…大さじ1
にんにく(粗みじん切り)…1片
赤唐辛子(輪切り)…1本
塩…適量
目玉焼き…卵1個分

作り方

1 ベーコンは細切りにし、パプリカはみじん切りにする。ご飯にグリーンカレーソースを混ぜる。

2 フライパンにサラダ油、ベーコン、にんにく、赤唐辛子を入れて熱し、香りが出たら万能ねぎ、パプリカ、もやしを加えて炒める。

3 1のご飯を加えて炒め合わせ、塩で味を調える。器に炒飯を盛り、目玉焼きをのせる。

グリーンカレーソースで 見た目と違うエスニックテイスト！

トマトのクリームスープ

材料／2人分
トマト…1個
ココナツミルク…1/2カップ
グリーンカレーソース
　…大さじ1と1/2
塩…少々
クミンパウダー(あれば)…少々

作り方
1. トマトは湯むきにし、ココナツミルク、グリーンカレーソースとともにミキサーに入れてなめらかになるまで攪拌する。塩で味を調える。
2. 冷蔵庫で冷やし、いただくときにあればクミンパウダーをふる。

ちょっと手をかけて
おすすめ長持ちだれ

ここからは少しだけ手がかかるけれど
日持ちがする3種のたれをご紹介します。
多めに作って常備しておけば、
パパッと1品作れてほんとうに便利。
しょうゆ、みそ、塩と、味違いのベースなので
自然と献立のバリエーションもつきますよ。

長持ちだれ・1

味しょうゆ

**あっさりした甘辛さは和食には欠かせない王道の味。
だしは市販品のパックを使えば、一緒に煮るだけ！**

材料／作りやすい分量

しょうゆ	…1カップ
酒	…1/3カップ
みりん	…1/3カップ
パックだし(無塩・市販品)	…1袋

作り方

1. 鍋にすべての材料を合わせて一晩置く。
2. そのまま火にかけ、煮立ったら弱火で3分ほど煮てパックだしを取り出す。

● 使い方のヒント

漬けて焼いたり揚げたりするほか、煮物のベース、きんぴらなどの炒め煮に。油を加えればドレッシングにも。ご飯に合う甘辛味のおかずが手軽に作れて便利。

● 保存方法

清潔な密閉ビンなどに入れ、冷蔵庫で約1カ月間。

味しょうゆで しょうがの風味を加えて!

豚肉の漬け焼き

材料／2人分
豚こま切れ肉…200g
A 味しょうゆ…大さじ1
　　しょうがの絞り汁…小さじ1
サラダ油…大さじ1/2
粗挽き黒こしょう…適量

作り方
1. 豚肉は食べやすく切り、**A** をかけて軽くもみ込む。
2. フライパンにサラダ油を中火で熱し、**1** の豚肉を漬け汁ごと入れて炒め、こしょうをふる。

味しょうゆで カリカリ感がたまらない！

甘辛手羽先から揚げ

材料／2人分

鶏手羽先…4本
味しょうゆ…大さじ2
塩、こしょう…各少々
片栗粉…適量
揚げ油…適量
レモン（くし形切り）…適量

作り方

1. 小鍋に味しょうゆを入れて火にかけ、半量になるまで煮詰め、バットなどに入れる。
2. 手羽先に塩、こしょうをふり、全体に片栗粉をまぶして、170〜180度の油でカラリと揚げる。
3. 揚げたてを 1 に浸し、取り出す。器に盛り、レモンを添える。

味しょうゆで さっぱりした中華テイスト

夏野菜のコロコロサラダ

材料／2人分
トマト…1個
オクラ…2本
アスパラガス…2本
みょうが…1個
A｜味しょうゆ…大さじ1
　｜ごま油…小さじ1

作り方

1 トマトはざく切りにし、オクラはさっとゆでて水けをきり1㎝長さに切る。アスパラガスはさっとゆでて2㎝長さに切り、みょうがは小口切りにする。

2 ボウルに1の野菜を入れ、Aを加えてあえる。

味しょうゆで ご飯やパスタ、うどんにも！

さばそぼろ

材料／2人分

さばの切り身(3枚おろし)
　…1枚
しいたけ…2枚
玉ねぎ…1/2個
にんじん…20g
しょうが…1片
サラダ油…大さじ1
A | 味しょうゆ…大さじ2
　　| 水…大さじ1

作り方

1. さばの身はスプーンでかき出す。しいたけ、玉ねぎ、にんじん、しょうがはすべてみじん切りにする。フードプロセッサーにかけてもよい。
2. フライパンにサラダ油を中火で熱し、**1**の野菜を炒め、しんなりしてきたらさばの身を加えて炒め合わせる。
3. さばの色が変わったら**A**の調味料を加え、汁けがほとんどなくなるまで炒める。

長持ちだれ・2

肉みそ

**ひき肉たっぷりで、具材と味つけの両方をかねた便利だれ。
ご飯にもパンにも麺にも合うから使い勝手抜群!**

材料／作りやすい分量

豚ひき肉…200g
にんにく(みじん切り)…1片
しょうが(みじん切り)…1片
豆板醤…小さじ1
サラダ油…大さじ1
A 酒…大さじ2
　みそ…大さじ1
　砂糖…大さじ1
　しょうゆ…大さじ1/2

作り方

1 フライパンにサラダ油とにんにく、しょうが、豆板醤を入れて火にかけ、香りがしてきたら、ひき肉を入れて炒める。

2 肉の色が変わったらAを加え、汁けがなくなるまで炒める。

● 使い方のヒント

このままご飯にかけたり、ゆでた麺にからめたりするだけで美味。マーボー豆腐、田楽、炒め物の味つけのベースにもできる。チーズなどと組み合わせて洋風アレンジも可能。

● 保存方法

清潔な密閉ビンなどに入れ、冷蔵庫で約1週間。冷凍庫で約2カ月間。

肉みそで 絹ごしを使ってなめらか！

くずし豆腐のマーボー

材料／2人分
絹豆腐…1/2丁
しょうが(みじん切り)…1片
A｜水…1カップ
　｜顆粒鶏ガラスープの素
　｜　…小さじ2
　｜肉みそ…大さじ4〜5
ごま油…小さじ1
塩、こしょう…各少々
水溶き片栗粉…適量
万能ねぎ(小口切り)、花椒(粒)
　…各少々

作り方
1 豆腐はキッチンペーパーなどに包んで水切りし、手で大きくくずす。
2 フライパンにごま油、しょうがを入れて炒め、香りがしてきたら **A** を加える。沸騰したら **1** の豆腐を加えて約5分煮る。
3 塩、こしょうで味を調え、水溶き片栗粉を回し入れてとろみをつけ、仕上げにごま油(分量外)をたらす。器に盛り、万能ねぎ、花椒を散らす。

肉みそで ぐちゃぐちゃに混ぜるのが美味

ビビンバ風ひと皿ご飯

材料／2人分

温かいご飯…どんぶり2杯分
肉みそ…大さじ4
温泉卵…2個
ナムル
　ほうれんそう…1/2把
　豆もやし…1/2袋
　塩…少々
　ごま油…小さじ2
白いりごま、おかずラー油（市販品）
　…各適量

作り方

1. ほうれんそう、もやしはゆでて水けを絞り、ほうれんそうはざく切りにする。それぞれに塩少々、ごま油を小さじ1ずつ混ぜる。
2. 器にご飯を盛り、**1**の**ナムル**と肉みそをのせ、温泉卵をのせる。おかずラー油、いりごまをかける。

肉みそで チーズとの相性ばっちり！

肉みそバゲット

材料／2人分

バゲット…6cm
肉みそ…大さじ5〜6
ピザ用チーズ…大さじ3

作り方

1 バゲットは1cm厚さに切る。それぞれに肉みそを広げてのせ、チーズをのせる。
2 オーブントースター（1000W）でチーズが溶けるまで焼く。

肉みそで 黒ごまの風味が新鮮

じゃじゃ麺

材料／2人分
冷凍稲庭うどん…2玉
肉みそ…大さじ4
黒すりごま…小さじ2
きゅうり…5cm
紅しょうが…少々

作り方

1. きゅうりは5cm長さのせん切りにする。肉みそにすりごまを混ぜる。
2. うどんはゆでて冷水に取り、ザルに上げて水けをきり、器に盛る。**1**の肉みそ、きゅうり、紅しょうがをのせる。

長持ちだれ・3

干しえびだれ

干しえびのうまみを存分に引き出した、塩ベースのたれ。
エスニックテイストも感じられ、料理上手な本格派の味!

材料／作りやすい分量

干しえび	…1/4カップ
にんにく(みじん切り)	…1片
赤唐辛子(輪切り)	…1本
サラダ油	…大さじ2
ナンプラー	…小さじ1

作り方

1. 干しえびは10分ほどひたひたの湯に浸し、粗みじん切りにする。戻し汁は取り置く。
2. フライパンにサラダ油、にんにく、赤唐辛子を入れて熱し、香りが出てきたら**1**の干しえびを加えて炒め合わせる。
3. 全体に油が回ったら、干しえびの戻し汁大さじ1、ナンプラーを加え、弱火でほとんど汁けが半分になるまで煮詰める。

● **使い方のヒント**
塩味をつける感覚で、炒め物の味つけや、かけだれ、つけだれに。うまみが強いので、淡白な野菜や豆腐のほか、ゆでた豚肉とも相性がいい。

● **保存方法**
清潔な密閉ビンなどに入れ、冷蔵庫で約1週間。

干しえびだれで 葉の甘みにうまみがしみ込む!
キャベツのレモンはさみ蒸し

材料／2人分

キャベツ…1/4個
レモンの輪切り…4枚
塩…少々
干しえびだれ…大さじ2

作り方

1. キャベツは芯をつけたままくし形切りにする。葉の間にレモンをはさみ、塩をふる。
2. ラップで包み、電子レンジ(600W)で2分～2分30秒加熱する。器に盛り、干しえびだれをかける。

干しえびだれで 豚肉が合うんです

豚しゃぶサラダ

材料／2人分

豚ばら薄切り肉(しゃぶしゃぶ用)
　…200g
ベビーリーフ…1パック
干しえびだれ…大さじ2

作り方

1. 豚肉はひと口大に切り、さっとゆでてザルに上げ、そのまま冷ます。
2. 器に、ベビーリーフと一緒に**1**の豚肉を盛り、干しえびだれをかける。

干しえびだれで 薄めればスープにも
たけのこと卵のスープ

材料／2人分
ゆでたけのこ…1/4個(約50g)
卵…1個
A 水…2カップ
　 顆粒鶏ガラスープの素…小さじ3
干しえびだれ…小さじ2
塩…少々

作り方
1 たけのこは細切りにする。
2 鍋に A を入れ、たけのこを入れて火にかける。沸騰したら溶きほぐした卵を回し入れ、ふんわりと火を通す。
3 干しえびだれを加え、塩で味を調える。

干しえびだれで 飽きずにいただけます
えび風味そうめん

材料／2人分

そうめん…2束
めんつゆ(市販品・ストレート)…適量
干しえびだれ…適量

作り方

1. そうめんは表示時間通りにゆでて水に取り、流水で洗ってザルに上げて水けをきる。器に水を張ってそうめんを盛る。
2. めんつゆに干しえびだれを適量加え、そうめんをつけながらいただく。

Part 2 — 料理別 たれ&ソースバリエ

肉や魚のソテーをはじめ、冷や奴やゆで野菜といった
シンプルな料理は、とかくマンネリになりがち。
そこで威力を発揮するのが、たれとソースの存在です。
最後のフィニッシュを変えるだけで、
食べ慣れた定番もたちまち新鮮な味に。
どうぞ日替わりで楽しんでください

ハンバーグに

出番の多いメニューだからこそ、ソースのバリエが欲しい！
子どもだけでなく、大人も楽しめる味が揃いました。

※写真は左ページの照り焼きソースをかけて仕上げています。

ハンバーグに ご飯がすすむ甘辛味！
照り焼きソース

材料／2人分

しょうゆ…大さじ2
砂糖…大さじ2
みりん…大さじ2

作り方

小鍋にすべての材料を入れて弱火にかけ、砂糖が溶けたら出来上がり。

基本のハンバーグ

材料／2人分

合いびき肉…300g
玉ねぎ（粗みじん切り）
　…1個
卵…1個
バター…大さじ2
パン粉、牛乳
　…各1/2カップ
A｜塩…小さじ1/3
　｜粗挽き黒こしょう、
　｜ナツメグ…各少々
サラダ油…大さじ1

作り方

1 フライパンにバターを溶かし、玉ねぎを色づくまで炒める。パン粉に牛乳をかけてふやかす。
2 ボウルにひき肉、卵、1の玉ねぎ、ふやかしたパン粉を入れ、Aも加え、粘りが出るまで練り混ぜる。
3 2のタネを2等分にして丸め、両手の平でキャッチボールをするようにしながら空気を抜きつつ、丸形に整える。
4 フライパンにサラダ油を熱し、3を入れて両面こんがりと焼き色をつけたら弱火にし、フタをして7～8分蒸し焼きにする。器に盛り、ソースをかける。

ハンバーグに レストランのデミグラ風

煮込み
ハンバーグ風

材料／2人分

トマトケチャップ…大さじ2
ウスターソース…大さじ1
赤ワイン…小さじ1

作り方

小鍋にすべての材料を入れて弱火にかけ、ひと煮立ちさせる。

ハンバーグに コクとうまみがひときわ

にんにく
バターしょうゆ

材料／2人分

しょうゆ…大さじ2
バター…20g
チューブにんにく…1cm

作り方

室温に戻したバターにしょうゆ、にんにくを加えて混ぜ合わせる。

ハンバーグに とろりとリッチな欧風
生クリームソース

材料／2人分

白ワイン…1/2カップ
生クリーム…大さじ4
しょうゆ…大さじ1/2
砂糖…小さじ1

作り方

小鍋に生クリーム以外の材料を入れて弱火にかけ、砂糖が溶けたら火からおろし、粗熱が取れたら生クリームを加える。

ハンバーグに あんでソースがよくからむ！
きのこあんソース

材料／2人分

えのきだけ（2㎝長さに切る）
　　…1/3カップ
しょうゆ…大さじ3
砂糖…大さじ2
酒…大さじ1
みりん…大さじ1
水…大さじ6
水溶き片栗粉…適量

作り方

小鍋にえのきだけ、調味料、水を入れて中火にかけ、ひと煮立ちしたら水溶き片栗粉を加えてとろみをつける。

チキンソテーに

カリカリの皮目がおいしいチキン。
塩、こしょう味になりがちですが、
ソースしだいでおもてなしにも！
大人も楽しめる味が揃いました

※写真は左ページの
オレンジバターソースを
かけて仕上げています。

チキンソテーに 柑橘系のおしゃれな味わい

オレンジバターソース

材料／2人分

オレンジ果汁(またはオレンジジュース)
　…大さじ1
バター…20g
水…大さじ1
白ワイン…小さじ1
顆粒コンソメスープの素
　…小さじ1/3
パセリ(みじん切り)…少々
オレンジ(輪切り)…1枚
塩…少々

作り方

小鍋にすべての材料を入れて火にかけ、ひと煮立ちさせる。

基本のチキンソテー

材料／2人分

鶏もも肉…2枚
塩…小さじ1/3
こしょう…少々
サラダ油…大さじ1

作り方

1. 鶏肉は肉の厚い部分を切り開き、厚みを均等にする。塩、こしょうをふり、よくなじませ10分ほど置く。
2. フライパンにサラダ油を熱し、**1**を皮目を下にして焼く。焼き目がついたら、裏返してフタをし、7〜8分焼く。
3. フタを取り、キッチンペーパーで余分な油を拭き取り、再び返して皮目をもう一度パリッとなるまで焼いて仕上げる。器に盛り、ソースをかける。

チキンソテーに うまみのある和風味

にんにくしょうがソース

材料／2人分

しょうゆ…大さじ2
みりん…大さじ1
チューブにんにく…1cm
チューブしょうが…1cm

作り方

小鍋にしょうゆ、みりんを入れて火にかけ、ひと煮立ちしたら火を止め、にんにく、しょうがを加えて混ぜ合わせる。

チキンソテーに チキンの風味とよく合う！

みそバターソース

材料／2人分

みそ…大さじ3
バター…大さじ1

作り方

室温に戻したバターとみそをよく混ぜ合わせる。

チキンソテーに さわやかな酸味と甘み
ハニーマスタードソース

材料／2人分

マスタード…大さじ3
はちみつ…大さじ3
マヨネーズ…大さじ2

作り方

すべての材料をよく混ぜ合わせる。

チキンソテーに さっぱりといただけます
オニオンソース

材料／2人分

玉ねぎのすりおろし…大さじ1
しょうゆ…大さじ2
みりん…大さじ1
酒…大さじ1
酢…小さじ1

作り方

すべての材料をよく混ぜ合わせる。

ポークソテーに

豚肉を焼くとなると、
ついしょうが焼きになりがちですが、
こんな2つのソースで
たちまち新鮮メニューに!

基本のポークソテー

材料／2人分

- 豚ロース肉(しょうが焼き用)
  …4枚
- 塩、こしょう…各少々
- しょうがの絞り汁
  …小さじ1
- サラダ油…大さじ1

作り方

1. 豚肉は脂身との境目にところどころ包丁を入れて筋切りをし、塩、こしょう、しょうがの絞り汁をまぶしてなじませる。
2. フライパンにサラダ油を熱し、**1**を両面に焼き目がつくまでこんがりと焼く。器に盛り、ソースをかける

※写真は左ページの黒酢ソースをかけて仕上げています。

ポークソテーに 酸味があるのに濃厚です
黒酢ソース

材料／2人分

黒酢…大さじ2
はちみつ…大さじ2
しょうゆ…大さじ1
しょうがの絞り汁…小さじ1/2

作り方
すべての材料をよく混ぜ合わせる。

ポークソテーに ちょっぴりエスニックテイスト
玉ねぎレモンソース

材料／2人分

玉ねぎのすりおろし
　…大さじ1
しょうがの絞り汁…小さじ1
レモンの絞り汁…1/2個分
レモンの皮(すりおろす)…1/2個
ナンプラー…小さじ2
はちみつ…小さじ1
塩…少々

作り方
すべての材料をよく混ぜ合わせる。

ステーキに

せっかくのごちそうですから、仕上げにひと工夫!レストラン顔負けのおうちステーキになること間違いなし

基本のステーキ

材料／2人分

- 牛ステーキ肉 …2枚
- 塩、粗挽き黒こしょう …各適量
- にんにく(薄切り) …1片
- サラダ油…大さじ1

作り方

1. 牛肉は焼く1時間前くらいに冷蔵庫から出して常温に戻し、焼く直前に片面に塩、こしょうをふる。
2. フライパンを熱してサラダ油をなじませ、にんにくを入れて **1** の牛肉を塩、こしょうをふった面を下にして焼く。
3. 焼き色がついたら裏返し、好みの焼き加減に焼く。器ににんにくとともに盛り、ソースをかける。

※写真は左ページのしょうゆペッパーソースをかけて仕上げています。

ステーキに 香ばしいこしょうがあとを引く！

しょうゆ
ペッパーソース

材料／2人分

しょうゆ…1/4カップ

赤ワイン…1/2カップ

粗挽き黒こしょう…小さじ1

作り方

小鍋にしょうゆ、赤ワインを入れて弱火にかけ、1/2量になるまで煮詰める。仕上げに粗挽き黒こしょうを加える。

ステーキに 牛肉らしさが際立ちます

レモンバターソース

材料／2人分

バター…20g

しょうゆ…小さじ1/2

レモンの皮(すりおろす)
　…1/2個分

生クリーム…大さじ2

塩…少々

作り方

小鍋にバター、しょうゆを入れて弱火にかけ、バターが溶けたら火からおろす。粗熱が取れたら残りの材料を加えて混ぜ合わせる。

から揚げに

ソースをかけるともっとリッチに、ゴージャスに！
家庭料理から一段格上げされます

基本の鶏のから揚げ

材料／2人分

鶏もも肉(大)…1枚
A｜しょうがの絞り汁…1片分
　｜チューブにんにく…1cm
　｜しょうゆ、酒…各大さじ1
片栗粉、揚げ油…各適量

作り方

1 鶏肉は余分な脂を取り除き、ひと口大に切る。
2 ボウルに **1** の鶏肉、**A** を入れ手でよくもみ込み、片栗粉をまぶす。
3 揚げ油を170～180度に熱し、**2** をカラリと揚げる。

※写真は左ページのスイートチリソースをかけて仕上げています。

から揚げに 揚げ物をさっぱりと
スイートチリソース

材料／2人分

赤唐辛子(輪切り)…2本
にんにく(みじん切り)…1片
酢…大さじ5
砂糖…大さじ3
ナンプラー…大さじ1と1/2

作り方

小鍋にすべての材料を入れて中火にかけ、沸騰したら弱火にし、1/3量になりとろみが出るまで煮詰める。

から揚げに カレー粉が隠し味！
クリーミィ
サワーソース

材料／2人分

サワークリーム…100g
牛乳…大さじ1
カレー粉…小さじ1/4
塩…小さじ1/2
こしょう…少々
万能ねぎ(小口切り)…適量

作り方

小鍋に牛乳を入れて弱火で温め、カレー粉、塩、こしょうを入れ、溶けたら火からおろす。粗熱が取れたら、サワークリーム、万能ねぎを加えて混ぜ合わせる。

魚のソテーに

焼くだけの魚を
ごちそうに変える
ソース使い。
焼き魚ばかりの
マンネリ打破に
もってこいです

基本の魚のソテー

材料／2人分

- 生だらの切り身…2切れ
- 塩、こしょう…各少々
- 薄力粉…適量
- サラダ油…大さじ1
- レモンの輪切り…2枚

作り方

1. たらの両面に塩、こしょうをふり、薄力粉をまぶし、余分な粉をはたいて落とす。
2. フライパンにサラダ油を熱し、1の皮目を下にして焼く。
3. 薄く焼き色がついたら裏返し、同様に色よく焼く。器にレモンを敷いてたらを盛り、ソースをかける。

※写真は左ページのマスタードソースをかけて仕上げています。

魚のソテーに 淡白な魚におすすめ
粒マスタードソース

材料／2人分

粒マスタード…小さじ1
しょうゆ…大さじ2
酒…大さじ1/2〜1
みりん…大さじ1
バター…大さじ1

作り方
すべての材料をよく混ぜ合わせる。

魚のソテーに 辛さはタバスコで調節を
サルサソース

材料／2人分

完熟トマト(種を除き粗みじん切り)
　…1個
玉ねぎ(粗みじん切り)…1/4個
ピーマン(粗みじん切り)…1/2個
セロリ…1/4本
塩…少々
タバスコ…少々

作り方
すべての材料をよく混ぜ合わせる。

魚介のボイルに

さっとゆでるだけの料理もソースのおかげで立派なひと皿に。気のきいたおつまみがすぐに完成します。

基本の魚介のボイル

材料／2人分
いか…1杯
ベビーホタテ…8個
むきえび…8尾
塩…少々

作り方
1 いかは足を持ってワタを引き抜き、軟骨も除いて水洗いし、水けをふく。足についた目とくちばしは切り落とす。胴は輪切りにし、えんぺらや足は食べやすく切り分ける。
2 鍋に湯を沸かして塩を加え、魚介をそれぞれ別々に色が変わる程度にゆで、ザルに上げて水けをきる。器に盛り、ソースをかける。

※写真は左ページの和ハーブソースをかけて仕上げています。

魚介のボイルに 香味野菜でさわやかに
和ハーブソース

材料／2人分

しょうが(みじん切り)…1片
みょうが(みじん切り)…1本
青じそ(みじん切り)…3枚
しょうゆ…大さじ1
酢…大さじ1
EXバージンオリーブオイル
　…小さじ1

作り方
すべての材料をよく混ぜ合わせる。

魚介のボイルに バジルの風味がぴったり
バジルオイルソース

材料／2人分

バジルの葉(みじん切り)…3枚
EXバージンオリーブオイル
　…大さじ2
塩…小さじ1/3

作り方
オリーブオイル、塩をよく混ぜ合わせ、バジルを混ぜ合わせる。

刺身に

買ってくるだけの簡単食材だからこそ、活用したい！年配の方にも喜ばれる味です

基本の刺身

材料／2人分

白身魚（鯛、平目など）…1さく

作り方

1. 刺身は食べやすく薄切りにして器に盛り、ソースをかける。

※写真は左ページのカルパッチョソースをかけて仕上げています。

刺身に ちょいイタリアンなアレンジ
カルパッチョソース

材料／2人分

アンチョビ…5枚
パセリ…2房
EXバージンオリーブオイル
　…大さじ3
しょうゆ…小さじ1
レモンの絞り汁…1/2個分
チューブにんにく…1cm

作り方

すべての材料をフードプロセッサーに入れて攪拌し、なめらかにする。

刺身に ごま油の濃厚さでパンチあり
中華ねぎソース

材料／2人分

長ねぎ(みじん切り)…1/2本
ごま油…大さじ3
塩…小さじ1/2強
白いりごま…小さじ1

作り方

すべての材料をよく混ぜ合わせる。

蒸し&ゆで野菜に

うまみが効いてる!
アンチョビマヨネーズ

材料と作り方
アンチョビ1枚、にんにく1片、マヨネーズ大さじ2、生クリーム大さじ1をフードプロセッサーに入れ、なめらかになるまで撹拌する。

モダンな和風テイスト
山椒オイル

材料と作り方
粒山椒(佃煮)大さじ1は包丁でたたいてみじん切りにし、EXバージンオリーブオイル大さじ2とよく混ぜ合わせる。

大人味の変わりじょうゆ
ゆずこしょうしょうゆ

材料と作り方
しょうゆ大さじ2、ゆずこしょう小さじ1/2、酒小さじ1をよく混ぜ合わせる。

新感覚のおしゃれな味わい
スイート粒マスタード

材料と作り方
マスタード、はちみつ各大さじ1と1/2をよく混ぜ合わせる。

甘めなので子どもにも
ねぎしそみそ

材料と作り方
万能ねぎ2本は小口切りにし、青じそ5枚はせん切りにしてボウルに入れる。削り節大さじ3、みりん大さじ2、みそ・白すりごま各大さじ1、ごま油小さじ1/2を加えてよく混ぜ合わせる。

ピリリとアクセント
マヨカレー

材料と作り方
マヨネーズ大さじ4、カレー粉小さじ1/2をよく混ぜ合わせる。

豆腐に

ちょっと中華風
香味野菜だれ

材料と作り方
万能ねぎの小口切り2本分、しょうがのみじん切り1片分、赤唐辛子の輪切り1本分、しょうゆ大さじ1、酢小さじ1、ごま油小さじ1/2をよく混ぜ合わせる。

酸味がさわやか
梅肉しょうゆだれ

材料と作り方
梅干しをたたいたもの大さじ1、しょうゆ小さじ1/3、酒小さじ1、青じそのみじん切り5枚分をよく混ぜ合わせる。

トマトのうまみ!
トマトオリーブ

材料と作り方
トマト1/2個は種を除き、粗みじん切りにする。EXバージンオリーブオイル小さじ2、しょうゆ小さじ1、削り節大さじ4とともによく混ぜ合わせる。

ネバネバ好きに
きのこだれ

材料と作り方
小鍋にしょうゆ大さじ2、みりん大さじ1、酒大さじ1、ごま油少々を入れて火にかけ、なめこ大さじ2、オクラの小口切り2本分を加えてひと煮立ちさせる。

韓国風アレンジ
キムチだれ

材料と作り方
白菜キムチ(市販品)のみじん切り大さじ2、コチュジャン小さじ1/2、酢小さじ1/2、ごま油大さじ1/2をよく混ぜ合わせる。

本格中華風
ピータンだれ

材料と作り方
小鍋に長ねぎのみじん切り5cm分、にんにくのみじん切り1片分、赤唐辛子の輪切り1本分、しょうゆ大さじ3、酢と酒各大さじ1、砂糖小さじ1を入れてひと煮立ちさせたら火を止め、粗熱が取れたらピータンの粗みじん切り1個分を加えて混ぜ合わせる。

パンに

残ったパセリでも
パセリバター

材料と作り方
バター30gを室温に戻し、パセリのみじん切り小さじ1を加えてよく混ぜる。

ジャリジャリ感がいい！
つぶつぶ塩バター

材料と作り方
バター50gは室温に戻し、粗塩（粒の大きいもの）小さじ1をよく混ぜ合わせる。

王道の人気味
明太マヨネーズ

材料と作り方
明太子大さじ1、マヨネーズ大さじ2、レモンの絞り汁少々をよく混ぜ合わせる。

スイーツ感覚
クリームフルーツチーズ

材料と作り方

クリームチーズ30gを室温に戻し、ドライフルーツ(干しぶどう、クランベリーなど)大さじ1を混ぜる。

クセがまろやかに
クリームブルーチーズ

材料と作り方

クリームチーズ30gは室温に戻し、ブルーチーズ15gを加えてよく混ぜ合わせる。

隠し味が効いてる
エッグマヨネーズ

材料と作り方

ゆで卵のみじん切り1個分、マヨネーズ大さじ2、コンデンスミルク小さじ1、パセリのみじん切り小さじ1をよく混ぜ合わせる。

Part 3

基本のソース＆ドレッシング・たれ

食卓でおなじみの定番ソースやたれは、市販品も豊富に揃っていて便利ですが基本の作り方や配合を知っておくと、いざというときに心強いもの。初心者の方でもマスターしやすいよう、できるだけ簡単で合理的なレシピをご紹介します。
最後のフィニッシュを変えるだけで、食べ慣れた定番もたちまち新鮮な味に。
どうぞ日替わりで楽しんでください

基本のソース・1

トマトソース

フレッシュトマト＋野菜果実ジュースで
時間も手間もかけずにおいしいソースが完成

材料／作りやすい分量

トマト(乱切り)	2個
玉ねぎ(粗みじん切り)	1/2個
にんにく(粗みじん切り)	1片
オリーブオイル	大さじ2
野菜果実ジュース	1パック(無塩・190ml)
塩	小さじ1/2
こしょう	少々
ドライオレガノ	小さじ1

作り方

1 鍋ににんにく、オリーブオイルを入れて熱し、香りが出たら玉ねぎを加えて炒め、ねっとりして薄く色づくまで炒める。

2 トマトを加える。

3 続けて野菜ジュースを加えて煮る。

4 1/2量まで煮詰まり、とろみが出てきたら、塩、こしょうで味を調え、仕上げにドライオレガノをふる。

<u>トマトソースで</u> 炒めてないのにちゃんとあの味！

あえるだけナポリタン

材料／2人分

スパゲッティーニ(1.6mm)
　…200g
ソーセージ…2本
玉ねぎ…1/4個
ピーマン…1/2個
<mark>トマトソース…大さじ5</mark>
塩、こしょう、粉チーズ、
　タバスコ…各適量

作り方

1. ソーセージは斜め薄切りにし、玉ねぎは5mm厚さに切る。ピーマンは横5mm厚さに切る。
2. スパゲッティーニはたっぷりの湯に塩（分量外・湯の1％）を入れ、表示時間通りにゆで始める。残り1分30秒になったらソーセージと玉ねぎ、ピーマンを加えて一緒にゆでる。
3. ザルに上げて湯をきった **2** にトマトソースをからめ、塩、こしょうで味を調え、粉チーズとタバスコをかける。

トマトソースで さばがおしゃれおかずに！

さばのトマトソースグリル

材料／2人分

さばの切り身（3枚おろし）
　…1枚
ミニトマト…6個
トマトソース…大さじ2
塩…少々
ドライオレガノ…小さじ1
粗挽き黒こしょう…適量

作り方

1 さばは2等分に切り、皮目の厚いところに十字に切り込みを入れ、塩をふって20分ほど置く。
2 さばの水けを拭き、耐熱皿に並べ、トマトソースをかける。ドライオレガノ、こしょうをふり、周囲にミニトマトを並べる。
3 250度に予熱したオーブンに入れ、15〜20分焼く。

トマトソースで シンプルな滋味あふれる味

トマトスープ

材料／2人分

キャベツ…1枚
玉ねぎ…1/8個
A | トマトソース…大さじ2
　　　水…1カップ
　　　顆粒鶏ガラスープの素…小さじ2
塩、こしょう…各適量

作り方

1. キャベツ、玉ねぎはそれぞれ粗みじんに切る。
2. 鍋に **A** を入れて火にかけ、煮立ったら **1** のキャベツ、玉ねぎを入れて煮る。
3. 野菜に火が通ってやわらかくなったら、塩、こしょうで味を調える。

トマトソースで ふんわり卵が魅力的

トマたま炒め

材料／2人分

卵…2個
塩、粗挽き黒こしょう
　…各少々
トマトソース…大さじ2
オリーブオイル…大さじ1

作り方

1. ボウルに卵を溶きほぐし、塩を加えて混ぜ合わせる。
2. フライパンにオリーブオイルを中火で熱し、**1** の卵液を流し入れて大きく混ぜながら炒める。
3. 半熟状になったらトマトソースを加え、さっと炒め合わせる。器に盛り、仕上げにこしょうをふる。

基本のソース・2

ホワイトソース

レンジで作ればダマにならない！
牛乳を豆乳に変えてヘルシー版も作れます

材料／作りやすい分量

牛乳または豆乳
　　…1と1/4カップ
バター…50g
薄力粉…大さじ2
顆粒コンソメスープの素
　　…小さじ2
塩、こしょう…各適量

作り方

1 耐熱容器にバターを入れてラップをかけ、電子レンジ（600W）に1分20秒かけて溶かし、熱いうちに薄力粉を加えてよく混ぜる。ラップをかけずに再び40秒加熱し、泡立て器で混ぜる。

2 牛乳、コンソメを加え、ラップをかけずにさらに4分30秒加熱し、取り出してよく混ぜる。

3 泡立て器のあとがつくくらいのとろみが出たら出来上がり。とろみが足りない場合は、さらに1分ずつ加熱を繰り返し、とろみがつくまでその都度混ぜる。塩、こしょうで味を調える。

ホワイトソースで ねっとり感がクセになる

さといものグラタン

材料／2人分
さといも…5〜6個
長ねぎ…10cm
ベーコン…1枚
バター…少々
ホワイトソース
　…大さじ4〜5

作り方
1 さといもは半分に切り、竹串がスーッと通る程度までゆでたらザルに上げ、ざっと水洗いして水けをきる。
2 長ねぎは斜め薄切りにし、ベーコンは細切りにする。
3 耐熱皿にバターを塗り、1のさといもを並べてホワイトソースをかけ、長ねぎ、ベーコンを散らす。オーブントースター（1000W）で焦げ目がつくまで2〜3分焼く。

ホワイトソースで 濃厚すぎず食べやすい
簡単カルボナーラ

材料／2人分
- スパゲッティーニ(1.6mm) …200g
- ブロッコリー…1/2個
- **ホワイトソース…大さじ5**
- 粉チーズ…大さじ1
- 卵黄…1個分
- 塩、粗挽き黒こしょう …各適量

作り方
1. ブロッコリーは小さめの小房に分ける。
2. スパゲッティーニはたっぷりの湯に塩(分量外・湯の1％)を入れ、表示時間通りにゆで始める。ゆで上がり2分前にブロッコリーを加え、一緒にゆでる。
3. ボウルにホワイトソース、粉チーズを入れ、2がゆで上がったら水けをきって加え、手早くあえる。塩、こしょうで味を調え、器に盛り、卵黄をのせてこしょうをふる。

ホワイトソースで 残りご飯がごちそうに

シンプルドリア

材料／2人分

ご飯…茶碗2杯分
玉ねぎ…1/4個
ベーコン…1枚
バター…大さじ2
ホワイトソース…1/2カップ
ピザ用チーズ…50g
粉チーズ…大さじ1
パセリ(みじん切り)…少々

作り方

1 玉ねぎはみじん切りにし、ベーコンは細切りにする。
2 フライパンにバターを熱してベーコンと玉ねぎを炒め、ご飯を加えて炒め合わせる。
3 耐熱容器に2を入れ、ホワイトソースをかけ、チーズ、粉チーズ、パセリをふる。オーブントースター(1000W)で、焦げ目がつくまで2〜3分焼く。

ホワイトソースで 食感が楽しい

つぶつぶポタージュ

材料／2人分

長ねぎ(粗みじん切り)…1/2本
じゃがいも…1個
押し麦…20g
バター…大さじ1
水…2と1/2カップ
顆粒鶏ガラスープの素…小さじ2
ホワイトソース…1/2カップ
塩、こしょう…各適量

作り方

1 じゃがいもは小さめのひと口大の乱切りにする。押し麦は15分ほどゆでる。
2 鍋にバターを熱し、長ねぎ、じゃがいもを炒める。
3 全体に油がまわったら、水、鶏ガラスープの素を加えて煮る。じゃがいもがやわらかくなったら、フォークで粗くつぶす。
4 ホワイトソース、押し麦を加えて5分ほど煮て、塩、こしょうで味を調える。

基本のソース・3

ミートソース

野菜をじっくり炒めるのがコツ。
ケチャップ&ソースで仕上げ、コク満点

材料/作りやすい分量

豚ひき肉…500g
玉ねぎ(みじん切り)…1個
セロリ(みじん切り)…1本
にんじん(みじん切り)…1/2本
トマト水煮缶…1缶(約400g)
オリーブオイル…大さじ1
ローリエ…1枚
トマトケチャップ…大さじ1
ウスターソース…大さじ1
塩…小さじ1
粗挽き黒こしょう…小さじ1/2
ナツメグパウダー…小さじ1/2

作り方

1 フライパンにオリーブオイルを熱し、野菜を炒める。

2 油が全体にまわったらひき肉を加え、ほぐしながら色が変わるまで炒める。

3 トマト缶、ローリエ、ケチャップ、ウスターソースを加え、中弱火で煮る。

4 1/2量になるまで煮詰めたら、塩、こしょうを加えて味を調え、ナツメグをふる。

156

ミートソースで 普通のなすでもおいしい！

なすのチーズミート焼き

材料／2人分
丸なす…1個
ミートソース…大さじ2
ピザ用チーズ…大さじ1

作り方
1. なすは縦半分に切り、浅く格子状の切り込みを入れる。
2. 耐熱皿に並べ、ラップをして電子レンジ(600W)で1分30秒加熱する。
3. ラップをはずし、なすの上にミートソース、チーズをのせ、オーブントースター(1000W)でチーズが溶けるまで3〜4分焼く。

ミートソースで スナック感覚のおつまみ
餃子サモサ

材料／2人分
じゃがいも(中)…1個
ミートソース…大さじ2
餃子の皮…10枚
揚げ油…適量

作り方
1. じゃがいもは1〜2cm角に切り、固めにゆで、水けをきってボウルに入れる。
2. 2にミートソースを加えて混ぜる。
3. 3を1/10量ずつ餃子の皮で包み、180度に熱した油でカラリと揚げる。

ミートソースで 薄切りポテトの食感がいい!

ポテトの重ね焼き

材料／2人分
じゃがいも…2個
ミートソース…大さじ6
バター…少々
粉チーズ…大さじ1

作り方
1 じゃがいもは3mm厚さの薄切りにし、さっとゆでて水けをきる。
2 耐熱皿にバターを薄く塗り、1のじゃがいもを少しずつ重ねながら並べる。ミートソースをかけ、粉チーズをふる。
3 オーブントースター(1000W)で焦げ目がつくまで3～4分焼く。

ミートソースで 野菜も豆もとれます!

ミートソースピラフ

材料／2人分
米…2合
ミートソース…大さじ3
ピーマン…1個
ミックスビーンズ
　(ドライパック)…50g
塩…小さじ1
こしょう…少々

作り方
1 ピーマンは粗みじん切りにする。米はといでザルに上げ、炊飯器の内釜に入れる。
2 米にミートソースを加えてよく混ぜ、水(分量外)を白米の適正量の目盛りまで入れる。
3 2にほかの材料をすべて加え、白米モードで炊く。

基本のソース・4

タルタルソース

自分で作れば段違いのおいしさに驚き！
混ぜるだけですから、ぜひ作ってみて

材料／作りやすい分量

ゆで卵…2個
セロリ…1本
きゅうりのピクルス…20g
マヨネーズ…大さじ6
粒マスタード…小さじ1
酢…小さじ1/2
塩…少々

作り方

1 ゆで卵は粗みじん切りにし、セロリとピクルスはみじん切りにする。

2 ボウルに **1**、すべての調味料を入れてよく混ぜ合わせる。

タルタルソースで 自家製ソースで超美味！

サーモンフライ

材料／2人分

生鮭(切り身)…2切れ
塩、こしょう…各少々
薄力粉、溶き卵、パン粉…各適量
揚げ油…適量
タルタルソース…適量

作り方

1. 鮭は1切れを3等分に切り、塩、こしょうをふる。
2. 薄力粉、溶き卵、パン粉の順にフライ衣をつけ、180度に熱した油で揚げる。
3. よく油をきって器に盛り、タルタルソースをかける。

タルタルソースで 淡白な野菜が大変身!

ズッキーニボートのタルタルのせ

材料／2人分
ズッキーニ…1本
タルタルソース…大さじ4
パセリ（粗みじん切り）…少々

作り方
1 ズッキーニは縦半分に切り、種の部分をスプーンでくり抜き、ざく切りにする。
2 1のざく切りにしたズッキーニにタルタルソースを混ぜ、くり抜いたくぼみの部分にのせ、パセリをふる。
3 オーブントースター（1000W）で焦げ目がつくまで2〜3分焼く。

タルタルソースで 好きな具を入れても
パンキッシュ

材料／2人分
食パン(8枚切り)…2枚
バター…大さじ1
タルタルソース…大さじ4

作り方
1 食パンにバターを塗ってトーストし、3cm角に切る。
2 耐熱容器に1のパンを並べ、タルタルソースをかける。
3 オーブントースター(1000W)で、焦げ目がつくまで2〜3分焼く。

タルタルソースで おしゃれな前菜風
アスパラのタルタル焼き

材料／2人分
アスパラガス…4本
タルタルソース…大さじ4

作り方
1 アスパラは根元を切り落とし、固い皮はピーラーでむく。
2 耐熱皿に1のアスパラを並べ、ラップをかけて電子レンジ(600W)で1分加熱する。
3 ラップを外し、タルタルソースをかけ、オーブントースター(1000W)で2〜3分焼く。

基本のソース・5

バジルソース

市販品とは違う鮮やかな色とさわやかな香り！
からめるだけでごちそうに

材料／作りやすい分量

バジルの葉…1カップ
にんにく…1片
松の実…大さじ2
EXバージンオリーブオイル
　…大さじ3
粉チーズ…大さじ2
塩…小さじ1

作り方

1 フードプロセッサーににんにく、松の実を入れ、みじん切り程度になるまで攪拌する。
2 1にバジルの葉を加え、みじん切り程度になるまでさらに攪拌する。
3 オリーブオイル、粉チーズを加え、なめらかなペースト状になるまで攪拌する。

バジルソースで 和野菜をイタリアン仕上げ

れんこんのバジルソテー

材料／2人分
れんこん…小1節(100g)
にんにく…1片
バター…小さじ2
バジルソース…小さじ1
塩…適量

作り方
1. れんこんは麺棒などでひと口大に叩いて割り、酢水にさらして水けをきる。
2. フライパンににんにく、バターを入れて弱火で熱し、香りが出てきたら 1 のれんこんを加えてじっくりと炒める。
3. れんこんにうっすらと焼き色がついてきたらバジルソースを加え、中火にし、全体をからめるように炒め合わせ、味が薄いようなら塩で調える。

バジルソースで ワインのおともにぴったり！

あさりとホタテのバジル蒸し

材料／2人分

あさり（殻付き・砂抜きしたもの）
　　…大10粒
ボイルベビーホタテ…6個
A 　白ワイン…大さじ1
　　バジルソース…小さじ1

作り方

1 クッキングシートにあさり、ホタテをのせ、**A**を混ぜ合わせてかける。
2 シートをふんわりと包み、すき間がないようにしっかりと閉じる。
3 電子レンジ(600W)で3〜4分、あさりの口が開くまで加熱する。

基本のソース・6

バーニャカウダソース

アンチョビのうまみがクリーミィなソースに。
赤みそが隠し味です

材料/作りやすい分量

アンチョビ…2枚
チューブにんにく…2cm
牛乳…大さじ2
EXバージンオリーブオイル
　…大さじ2
生クリーム…大さじ1
赤みそ…大さじ1

作り方

すべての材料をブレンダー、または
ジューサーに入れてなめらかになる
まで撹拌する。
ブレンダーなどがなければ、すり鉢
ですってもよい。

バーニャカウダソースで レストラン風のごちそうサラダ

ゆで卵入りニース風サラダ

材料／2人分

じゃがいも…1個
カリフラワー…1/4個
芽キャベツ…6個
ブラックオリーブ（輪切り）
　…4個
ゆで卵…1個
バーニャカウダソース
　…大さじ1〜2

作り方

1. じゃがいもは皮つきのまま4等分に切り、カリフラワーは小房に分ける。ゆで卵は4等分に切る。
2. 1の野菜、芽キャベツをそれぞれ塩ゆで（塩は分量外）し、ザルに上げて水けをきる。
3. 2の野菜、ゆで卵を皿に盛り合わせ、ブラックオリーブを散らし、バーニャカウダソースをかける。

バーニャカウダソースで サクサクの食感が最高!

長いもグリル

材料／2人分

長いも…4cm
バーニャカウダソース
　…大さじ1〜2
パセリ(粗みじん切り)
　…小さじ1/2
粗挽き黒こしょう…少々

作り方

1 長いもはよく洗い、皮付きのまま1cm厚さの輪切りにし、耐熱容器に並べる。

2 バーニャカウダソースをかけ、パセリ、こしょうをふり、オーブントースター(1000W)で焦げ目がつくまで3〜4分焼く。

基本のソース・7

マヨネーズ

**手作りすると、ひときわまろやかな味わいに。
オリーブオイルで作るのもおすすめ**

材料／作りやすい分量

卵…1個
塩…少々
白ワインビネガー（または酢）…大さじ1
レモンの絞り汁…小さじ1
はちみつ…小さじ1
サラダ油…180㎖

作り方

1. ブレンダーまたはフードプロセッサーに、卵、塩を入れて塩の粒が溶けるまで攪拌する。
2. 白ワインビネガー、レモンの絞り汁、はちみつを加えてさらに白っぽくなるまで攪拌する。
3. サラダ油を2〜3回に分けて加え、その都度よく混ざるまで攪拌し、最後は適度なとろみが出るまで攪拌する。

マヨネーズで 香ばしさが最高!

ゆで野菜のマヨ焼き

材料／2人分
かぶ…2個
にんじん…1/2本
れんこん…小1/2節
マヨネーズ…大さじ2
粉チーズ…大さじ1/2

作り方
1. かぶはくし形切りにし、にんじん、れんこんは乱切りにし、それぞれ塩ゆで(塩は分量外)し、ザルに上げて水けをきる。
2. 耐熱皿に **1** を並べ、マヨネーズをかけ、粉チーズをふる。
3. オーブントースター(1000W)で焦げ目がつくまで2〜3分焼く。

マヨネーズで 淡白なささ身に合う！

カリカリチキンのマヨソース

材料／2人分

鶏ささ身(筋なし)…6本
塩、こしょう…各少々
片栗粉…適量
揚げ油…適量
A マヨネーズ…大さじ3
　 牛乳…大さじ1
生野菜のせん切り…適量

作り方

1 ささ身はラップではさみ、麺棒などで叩いて平たくしてから縦2等分に切る。
2 塩、こしょうをふり、片栗粉をまぶし、180度に熱した油でカラリと揚げる。
3 器に生野菜のせん切りとともに盛り、Aをよく混ぜ合わせてかける。

定番和風だれ

和食を支える8つの定番だれは、
ずーっと作り続けられてきただけあって、とっても重宝。
洋風にアレンジもできて、使い道が広がります！

ご飯がすすむお総菜作りに
甘辛だれ

材料／作りやすい分量

| しょうゆ…大さじ3 |
| 酒…大さじ1 |
| みりん…大さじ1 |
| 砂糖…大さじ1/2 |

作り方
鍋にすべての材料を入れてひと煮立ちさせ、砂糖が溶ければ出来上がり。

◉使い方のヒント
きんぴらのような甘辛い炒め物、かば焼きや照り焼きの味つけに。しょうゆ味のパスタの味つけにも使える。

◉保存方法
清潔な密閉ビンなどに入れ、冷蔵庫で約2週間

さまざま使えて重宝
めんつゆ

材料／作りやすい分量

しょうゆ…1/2カップ
みりん…1/2カップ
酒…1/4カップ
昆布…5cm角1枚
削り節…10g

作り方
1 鍋にすべての材料を入れて弱火にかけ、沸騰したら弱火にして5分ほど煮出す。
2 粗熱が取れたら漉す。

◉使い方のヒント
適量の水で薄めて使う。各種煮物の煮汁、炒め物の味つけのほか、吸い物の吸い地にも。

◉保存方法
清潔な密閉ビンなどに入れ、冷蔵庫で約2週間。

濃厚でパンチあり
みそだれ(赤みそ)

材料／作りやすい分量

赤みそ…大さじ4
みりん…大さじ2
砂糖…大さじ2
すりごま…大さじ1
水…大さじ1

作り方
すべての材料をよく混ぜ合わせる。

●使い方のヒント
ゆるか蒸したさといもにつけたり、ゆで野菜に、野菜スティックに。みそ仕立ての汁物、鍋焼きうどんの味つけにも使える。ホワイトソースやマヨネーズを加えると、みそグラタンも楽しめる。

●保存方法
清潔な密閉ビンなどに入れ、冷蔵庫で約2週間。

ゆずこしょうで上品な味
みそだれ(白みそ)

材料／作りやすい分量

白みそ…大さじ3
みりん…大さじ2
酒…大さじ1
砂糖…大さじ1
ゆずこしょう…小さじ1/2

作り方
小鍋にみりん、酒を入れて火にかけ、ひと煮立ちしたら残りの材料を加えて混ぜ合わせる。

●使い方のヒント
焼き豆腐、こんにゃく、厚揚げ焼きにつけて。アンチョビ、オリーブオイルを加えると、バーニャカウダのように使える。

●保存方法
清潔な密閉ビンなどに入れ、冷蔵庫で約1週間。

自家製を鍋のおともに
ぽん酢しょうゆ

材料／作りやすい分量

果実の絞り汁(すだち、ゆず、レモンなど柑橘系)…1/4カップ	
しょうゆ…1/4カップ	
酒…大さじ1	
みりん…大さじ1	
昆布…5cm角1枚	
削り節…5g	

作り方
1 小鍋に酒、みりんを入れてひと煮立ちさせる。
2 ボウルに果実の絞り汁、しょうゆを混ぜ、1を加えて混ぜ合わせたら、昆布、削り節を加える。一晩おいてから漉す。

●使い方のヒント
鍋物、湯豆腐のつけだれのほか、オリーブオイルを加えればドレッシングに。炒め物の味つけにも。

●保存方法
清潔な密閉ビンなどに入れ、冷蔵庫で約1カ月間。

市販品にないほどよい甘辛味
ごまだれ

材料／作りやすい分量

だし汁…1/2カップ
白練りごま…大さじ3
みりん…大さじ2
しょうゆ…大さじ2

作り方
すべての材料をよく混ぜ合わせる。

●使い方のヒント
釜揚げうどんやそばのつけだれ、しゃぶしゃぶのつけだれにも。マヨネーズを加えると、サラダにもよく合う。

●保存方法
清潔な密閉ビンなどに入れ、冷蔵庫で約5日間。

しょうゆ代わりにどうぞ
土佐酢

材料／作りやすい分量

酢…大さじ4
しょうゆ…大さじ2
砂糖…大さじ1
削り節…20g

作り方
1 鍋にすべての材料を入れてひと煮立ちさせ、火を止める。
2 粗熱が取れたら、漉す。

●使い方のヒント
おひたし、煮物、煮びたしなど、しょうゆと同じ感覚で使える。

●保存方法
清潔な密閉ビンなどに入れ、冷蔵庫で約1カ月間。

副菜作りに重宝
すし酢

材料／作りやすい分量

酢…1カップ
砂糖…大さじ5と1/2（約50g）
塩…大さじ1と1/3（約20g）

作り方
すべての材料をよく混ぜ合わせる。

●使い方のヒント
すし飯を作るほか、酢の物に。酢の種類を変えて作るとテイストが変わって新鮮。

●保存方法
清潔な密閉ビンなどに入れ、冷蔵庫で約1カ月間。

定番ドレッシング

買うのが当たり前になっているドレッシングも、
本当は簡単、混ぜるだけ！
本物の味は野菜のおいしさを格段にアップしてくれます

しょうゆ入りで和食にも
中華ドレッシング

材料／作りやすい分量

しょうゆ…大さじ2
酢…大さじ2
砂糖…大さじ1/2
ごま油…大さじ1
長ねぎ(みじん切り)…大さじ2
白いりごま…大さじ1

作り方
すべての材料をよく混ぜ合わせる。

● 使い方のヒント
さっぱりしているので、冷や奴、ゆでもやしのかけだれ、魚介類のサラダなどに。冷やし中華のたれにも使える。白ごまをすりごまに変えても。

● 保存方法
清潔な密閉ビンなどに入れ、冷蔵庫で約5日間。

酸味控えめで合わせやすい！
フレンチドレッシング

材料／作りやすい分量

サラダ油…大さじ4
白ワインビネガー(※)…大さじ2
砂糖…小さじ1/2
マスタード…小さじ1/2
塩…小さじ1/2
こしょう…少々

(※またはリンゴ酢)

作り方
すべての材料を白っぽくなるまでよく混ぜ合わせる。

● 使い方のヒント
せん切りキャベツやレタスなど、野菜サラダ全般に。ゆで卵にそのままかけても美味。ライスサラダにもよく合う。

● 保存方法
清潔な密閉ビンなどに入れ、冷蔵庫で約3日間。

ほんのりした甘み
和風玉ねぎドレッシング

材料／作りやすい分量
玉ねぎ(すりおろす)…1/4個
サラダ油…大さじ2
しょうゆ…大さじ1
酢…大さじ1
砂糖…小さじ1

作り方
すべての材料をよく混ぜ合わせる。

●使い方のヒント
生野菜、ゆで野菜のサラダ全般にかけるほか、しゃぶしゃぶのつけだれに。うどんにトッピングしたり、コンソメスープに加えるのもおすすめ。

●保存方法
清潔な密閉ビンなどに入れ、冷蔵庫で約5日間。

ダブルのごま使いで風味豊か!
ごまドレッシング

材料／作りやすい分量
白練りごま…大さじ1
白すりごま…大さじ1
酢…大さじ1
砂糖…小さじ1
しょうゆ…大さじ1/2

作り方
すべての材料をよく混ぜ合わせる。

●使い方のヒント
キャベツ、ブロッコリー、にんじんなどに合う。しゃぶしゃぶのたれに加えたり、ぽん酢しょうゆに加えて鍋のつけだれにしても。ささ身の蒸したのにも。

●保存方法
清潔な密閉ビンなどに入れ、冷蔵庫で約5日間。

さっぱりさわやか！
梅ドレッシング

材料／作りやすい分量
梅肉…大さじ1
酢…大さじ1
酒…大さじ1
サラダ油…大さじ1
水…大さじ1

作り方
すべての材料をよく混ぜ合わせる。

●使い方のヒント
生野菜や豆腐サラダ、海藻サラダに。そうめんのつゆに入れたり、焼いた厚揚げや油揚げにかけてたりしてもおいしい。濃度があるので冷や奴との相性もよい。

●保存方法
清潔な密閉ビンなどに入れ、冷蔵庫で約1週間。

粉チーズ入りでコクあり
イタリアンドレッシング

材料／作りやすい分量
白ワインビネガー(または酢)
　…大さじ2
EXバージンオリーブオイル
　…大さじ2
パルメザンチーズ…大さじ1
塩…小さじ1/4
粗挽き黒こしょう…少々
チューブにんにく…1cm
ドライバジル…小さじ1

作り方
すべての材料をよく混ぜ合わせる。

●使い方のヒント
生野菜にかけるだけでも食べ応えのある一品に。冷やしトマトもおすすめ。カプレーゼにかけてもよく合う。

●保存方法
清潔な密閉ビンなどに入れ、冷蔵庫で約3日間。

酢よりもフルーティ！
柑橘ドレッシング

材料／作りやすい分量
オレンジ(あれば夏みかん)の絞り汁
　…大さじ3
レモンの絞り汁…大さじ2
EXバージンオリーブオイル
　…大さじ1
塩…小さじ1/2
オレンジ(あれば夏みかん)の皮の
　すりおろし…小さじ1/2

作り方
すべての材料をよく混ぜ合わせる。夏みかんを使う場合は、レモンの絞り汁を大さじ1に減らす。

●使い方のヒント
フルーツ入りのサラダによく合う。すし酢代わりに使うと、おいしいサラダ寿司に。カルパッチョ、冷製パスタのソースにも使える。

●保存方法
清潔な密閉ビンなどに入れ、冷蔵庫で約3日間。

大人味の和風ドレ
しそしょうゆドレッシング

材料／作りやすい分量
青じそ(みじん切り)…5枚
酢…大さじ2
しょうゆ…大さじ1
サラダ油…大さじ1
レモンの絞り汁…大さじ1/2

作り方
すべての材料をよく混ぜ合わせる。

●使い方のヒント
豆腐サラダ、海藻サラダ、魚介サラダなど、和風テイストのサラダに。ゆでたり焼いたりした肉や魚介にかけるだけでも美味。

●保存方法
清潔な密閉ビンなどに入れ、冷蔵庫で約5日間。

● たれ別さくいん

◎ 和風

ごまじょうゆだれ 16
ねぎしそみそ
ハニー照り焼きだれ 22
はちみつみそだれ 34
みそマヨだれ 52
味しょうゆ 94
肉みそ 100
照り焼きソース 115
きのこあんソース 117
にんにくしょうがソース 120
みそバターソース 120
オニオンソース 121
黒酢ソース 123
和ハーブソース 131
山椒オイル 134

ゆずこしょうしょうゆ 134
ねぎしそみそ 135
梅肉しょうそみそ 136
きのこだれ 137
明太マヨネーズ 138
めんつゆ 178
甘辛だれ 178
みそだれ（白みそ）179
みそだれ（赤みそ）179
ごまだれ 180
ぽん酢しょうゆ 180
すし酢 181
土佐酢 181
ごまドレッシング 183
和風玉ねぎドレッシング 183
梅ドレッシング 184
しそしょうゆドレッシング 185

◎ 洋風

塩ヨーグルトソース 66
レモン塩 70
アンチョビハーブだれ 74
ごまマスタードだれ 78
サワークリームソース 84
煮込ハンバーグ風 116
にんにくバターしょうゆ 116
生クリームソース 117
オレンジバターソース 119
ハニーマスタードソース 121
しょうゆペッパーソース 125
レモンバターソース 125
クリーミィサワーソース 127
粒マスタードソース 129
バジルオイルソース 131
カルパッチョソース 133
アンチョビマヨネーズ 134

スイート粒マスタードマヨネーズ 135
トマトカレー 135
トマトオリーブ 136
パセリバター 138
つぶつぶ塩バター 138
クリームフルーツチーズ 139
クリームブルーチーズ 139
エッグマヨネーズ 139
トマトソース 142
ホワイトソース 148
ミートソース 154
タルタルソース 160
バジルソース 166
バーニャカウダソース 170
マヨネーズ 174
フレンチドレッシング 182
イタリアンドレッシング 184
柑橘ドレッシング 185

◎ 中華風

ねぎ塩だれ 28
にんにく豆板醤だれ 48
バンバンだれ 62
中華ねぎだれ 133
香味野菜だれ 136
ピータンだれ 137
中華ドレッシング 182

◎ エスニック・韓国風

韓国風ピリ辛だれ 40
甘辛コチュジャンだれ 44
タイ風だれ 58
グリーンカレーソース 88
干しえびだれ 106
玉ねぎレモンソース 123

スイートチリソース 127
サルサソース 129
キムチだれ 137

素材別さくいん

◉ 肉類・加工品

〈合いびき肉〉
基本のハンバーグ 115

〈牛肉〉
スタミナ焼きそば 51
ハンガリアンシチュー 86
基本のステーキ 124

〈鶏肉〉
たけのこのグリーンカレーソテー 89
甘辛手羽先から揚げ 97
基本のチキンソテー 119
基本の鶏のから揚げ 126
カリカリチキンのマヨソース 177
鶏もも肉のみそ照り焼き 36
手羽中の韓国風照り焼き 45
汁なしうどん 64
白菜の生春巻き風 65
タンドリーチキン風 67
チキンストロガノフ風 煮込み 82

〈豚肉〉
豚のカリカリ揚げサラダ 17
レンジでチャーシュー 24
豚の塩だれ丼 29
えびたっぷり水餃子 30
揚げ春巻き 59
豚入りチヂミ 79
豚肉の漬け焼き 96
肉みそ 100
豚しゃぶサラダ 109
基本のポークソテー 122
ミートソース 154

〈ソーセージ、ベーコン〉
春雨炒め 81
タイ風炒飯 90
あえるだけナポリタン 145
さといものグラタン 150
シンプルドリア 153

◉ 魚介類・加工品

〈あさり〉
あさりとホタテのバジル蒸し 169

〈いか〉
海鮮ビビン麺 43
いかとセロリの韓国風炒め 47
基本の魚介のボイル 130

〈いわし〉
いわしのかば焼き 23

〈えび〉

えびっぷり水餃子 30
えびとアボカドのユッケ風
基本の魚介のボイル 130
あさりとホタテの
　バジル蒸し 169

〈さば〉
さばのみそ煮 35
さばそぼろ 99
さばのトマトソースグリル 146

〈鮭〉
サーモンフライ 162

〈サンマ〉
サンマの筒切り煮込み 46

〈白身魚（鯛、平目）の刺身〉
海鮮ビビン麺 43

〈たら〉
基本の刺身 132

〈ブリ〉
基本の魚のソテー 128

〈青じそ〉
ぶりの塩ヨーグルト漬け焼き 68
豚の塩だれ丼 29

〈ホタテ〉
基本の魚介のボイル 130
あさりとホタテの
　バジル蒸し 169

〈まぐろ〉
まぐろのごま漬け丼 19
海鮮ビビン麺 43

〈しらす〉
ねぎとしらすのトースト 56
レモンとしらすのパスタ 73
しらす入りサワーポテサラ 87

〈ちくわ〉
ちくわのみそマヨ焼き 57

◎野菜・果実

和ハーブソース 131
ねぎしそみそ 135
梅肉しょうゆゆでだれ 136
しそしょうゆドレッシング 185

〈アスパラガス〉
夏野菜のコロコロサラダ 98
アスパラのタルタル焼き 165

〈アボカド〉
えびとアボカドのユッケ風 41

〈オクラ〉
夏野菜のコロコロサラダ 98
きのこだれ 137

〈オレンジ〉
オレンジバターソース 119
柑橘ドレッシング 185

〈カイワレ大根・スプラウト〉
豚の塩だれ丼 29
汁なしうどん 64
水切り豆腐のサラダ 72

189　索引

〈かぶ〉
ゆで野菜のマヨ焼き 175

〈カリフラワー〉
カリフラワーのみそマヨ焼き 53

〈キャベツ・芽キャベツ〉
ゆでキャベツと豆苗の帽子サラダ 38
グリル野菜のレモン塩添え 71
キャベツのレモンはさみ蒸し 108
トマトスープ 147
ゆで卵入りニース風サラダ 171

〈きゅうり〉
たたききゅうりのねぎ塩だれ 33
白菜の生春巻き風 65
きゅうりのコールドスープ 69
水切り豆腐のサラダ 72
じゃじゃ麺 105

〈香菜〉
揚げ春巻き 59
たけのこグリーンカレーソテー 89

〈ごぼう〉
根菜のハニーきんぴら 26
根菜の揚げびたし 50

〈小松菜〉
小松菜の煮びたし 27

〈さといも〉
根菜の揚げびたし 50
さといものグラタン 150

〈サンチュ〉
海鮮ビビン麺 43

〈じゃがいも〉
アンチョビハーブポテト 75
しらす入りサワーポテトサラダ 87
つぶつぶポタージュ 153

〈春菊〉
豚のカリカリ揚げサラダ 17
海鮮ビビン麺 43
ゆで卵入りニース風サラダ 171

〈ズッキーニ〉
グリル野菜のレモン塩添え 71
ズッキーニボートのタルタルのせ 164

〈セロリ〉
いかとセロリの韓国風炒め 47
春雨とセロリのタイ風サラダ 60
サルサソース 160
ミートソース 154
タルタルソース 160

餃子サモサ 158
ポテトの重ね焼き 159
ゆで卵入りニース風サラダ 171
タルタルソース 160

190

〈 たけのこ 〉
たけのこの
　グリーンカレーソテー 110
たけのこと卵のスープ 89

〈 玉ねぎ 〉
トマトと玉ねぎの
　ごまマリネ 20
スタミナ焼きそば 51
春雨とセロリの
　タイ風サラダ 60
レモンとしらすのパスタ 73
チキンストロガノフ風
　煮込み 82
ハンガリアンシチュー 86
さばそぼろ 99
基本のハンバーグ 115
サルサソース 129
トマトソース 142
あえるだけナポリタン 145

トマトスープ 147
シンプルドリア
　ミートソース 153 154

〈 豆苗 〉
ゆでキャベツと豆苗の
　帽子サラダ 38

〈 トマト・ミニトマト 〉
トマトと玉ねぎの
　ごまマリネ 20
春雨とセロリの
　タイ風サラダ 60
トマトのクリームスープ 91
夏野菜のコロコロサラダ 98
サルサソース 129
トマトオリーブ 136
トマトソース 142
さばのトマトソースグリル 146
ミートソース 154

〈 長いも 〉

長いもグリル 173

〈 長ねぎ 〉
豚のカリカリ揚げサラダ 17
レンジでチャーシュー 24
ねぎ塩だれ 28
えびとアボカドのユッケ風 41
中華ねぎソース 133
ピータンだれ 137
さといものグラタン 150
つぶつぶポタージュ 153

〈 なす 〉
なすの塩だれソテー 32
なすのチーズミート焼き 157

〈 にら 〉
えびっぷり水餃子 30
スタミナ焼きそば 51
豚入りチヂミ 79

〈 にんじん 〉
スタミナ焼きそば 51

191　索引

春雨炒め 81
さばそぼろ ミートソース 154
ゆで野菜のマヨ焼き 175

〈白菜〉
白菜のおひたし 21
白菜の生春巻き風 65

〈バジル〉
バジルオイルソース 131
バジルソース 166

〈パプリカ〉
いかとセロリの韓国風炒め 47

〈万能ねぎ・細ねぎ〉
タイ風炒飯 90
グリル野菜のレモン塩添え 71
白菜の生春巻き風 65
根菜の揚げびたし 50
まぐろのごま漬け丼 19
冷や奴サラダ 42

ねぎとしらすのトースト 56
タイ風炒飯 90
くずし豆腐のマーボー 102
ねぎしそみそ 135
香味野菜だれ 136

〈ピーマン〉
いかとセロリの韓国風炒め 47
ミートソースピラフ 145
あえるだけナポリタン 159
サルサソース 129
春雨炒め 81

〈ブロッコリー〉
簡単カルボナーラ 152

〈ベビーリーフ〉
豚しゃぶサラダ 109

〈ほうれんそう〉
ビビンバ風ひと皿ご飯 103

〈水菜〉
フォー風汁ビーフン 61

〈みょうが〉
トマトと玉ねぎのごまマリネ 20
夏野菜のコロコロサラダ 98
和ハーブソース 131

〈もやし・豆もやし〉
スタミナ焼きそば 51
タイ風炒飯 90
ビビンバ風ひと皿ご飯 103

〈レタス・フリルレタス〉
豚のカリカリ揚げサラダ 17
水切り豆腐のサラダ 72

〈れんこん〉
根菜のハニーきんぴら 26
根菜の揚げびたし 50
れんこんのバジルソテー 167
ゆで野菜のマヨ焼き 175

192

◎きのこ

〈えのきだけ〉
きのこのアヒージョ 76
チキンストロガノフ風煮込み 76
ハンガリアンシチュー 86

〈しいたけ〉
きのこあんソース 117
きのこのアヒージョ 76
豚入りチヂミ 79
春雨炒め 81
さばそぼろ 99

〈しめじ〉
きのこのアヒージョ 76
チキンストロガノフ風煮込み 82

〈なめこ〉
きのこだれ 137

〈マッシュルーム〉
きのこのアヒージョ 76
チキンストロガノフ風煮込み 82
豚入りチヂミ 79
春雨炒め 81
タイ風炒飯 90
ビビンバ風ひと皿ご飯 103
たけのこと卵のスープ 110
エッグマヨネーズ 139
トマたま炒め 147
簡単カルボナーラ 152
タルタルソース 160
ゆで卵入りニース風サラダ 171

◎卵・豆腐製品・乳製品

〈卵〉
えびとアボカドのユッケ風 41
半月目玉焼き 49

〈豆腐製品〉
冷や奴サラダ 42
厚揚げのバンバン焼き 63
水切り豆腐のサラダ 72
くずし豆腐のマーボー 102

〈牛乳〉
きゅうりのコールドスープ 69
ホワイトソース 148
バーニャカウダソース 170

〈チーズ〉
山椒チーズご飯 55
イタリアン焼きおにぎり 77
ブルーチーズパスタ 85
肉みそバゲット 104
クリームフルーツチーズ 139
クリームブルーチーズ 139
簡単カルボナーラ 152
シンプルドリア 153

マヨネーズ 174

なすのチーズミート焼き
ポテトの重ね焼き
ゆで野菜のマヨ焼き 159

〈サワークリーム〉
サワークリームソース 84
クリーミィサワーソース 127

〈ヨーグルト〉
塩ヨーグルトソース 66

◎主食系

〈ご飯〉
まぐろのごま漬け丼 19
豚の塩だれ丼 29
焼きおにぎり茶漬け 39
山椒チーズご飯 55
イタリアン焼きおにぎり 77
タイ風炒飯 90

ビビンバ風ひと皿ご飯 103
シンプルドリア
ミートソースピラフ 153
159

〈中華麺・そうめん・うどん〉
海鮮ビビン麺 43
スタミナ焼きそば 51
汁なしうどん 64
じゃじゃ麺 105
えび風味そうめん 111

〈パスタ〉
レモンとしらすのパスタ 73
ブルーチーズパスタ 85
あえるだけナポリタン 145
簡単カルボナーラ 152

〈パン〉
ねぎとしらすのトースト 56
肉みそバゲット 104
パンキッシュ 165

〈春雨〉
春雨炒め 81

〈ビーフン〉
揚げ春巻き 59
フォー風汁ビーフン 61

◎そのほか

〈アンチョビ〉
アンチョビハーブだれ 74
カルパッチョソース 133
アンチョビマヨネーズ 134
バーニャカウダソース 170

〈削り節〉
白菜のおひたし 21
小松菜の煮びたし 27
ねぎ塩だれ 28

157

175

春雨とセロリのタイ風サラダ 60

194

めんつゆ 178
ぽん酢しょうゆ 180
土佐酢 181

〈餃子の皮・春巻きの皮〉
えびっぷり水餃子 30
揚げ春巻き 59
餃子サモサ 158

〈ココナツミルク〉
グリーンカレーソース 88
トマトのクリームスープ 91
〈桜えび・干しえび〉
春雨とセロリのタイ風サラダ 60
フォー風汁ビーフン 61
干しえびだれ 106
〈山椒・粉山椒〉
いわしのかば焼き 23
山椒チーズご飯 55
くずし豆腐のマーボー 102

山椒オイル 134
〈ドライフルーツ〉
クリームフルーツチーズ 139
〈のり・韓国のり〉
まぐろのごま漬け丼 19
冷や奴サラダ 42
〈梅干し・梅肉〉
梅肉しょうゆだれ 136
梅ドレッシング 184
〈白菜キムチ〉
キムチだれ 137
〈ピータン〉
ピータンだれ 137
〈ブラックオリーブ〉
ゆで卵入りニース風サラダ 171
〈ミックスビーンズ〉
ミートソースピラフ 159
〈明太子〉
明太マヨネーズ 138

本書は、『たれとソースのラクうま便利帖』（2013年10月／弊社刊）を文庫化したものです。

みなくちなほこ

フードコーディネーター。スイーツからアウトドアまで
幅広いジャンルを得意とし、身近にある材料で、手軽に作れる、
シンプルでナチュラルな料理に定評がある。
ワークショップ「鉄なべごはん会」や
料理教室「やさいのきょうしつ」を主宰。著書多数。

| マイナビ文庫 |

たれとソースのラクうま便利帖

2016年12月31日 初版第1刷発行

著　者	みなくちなほこ
発行者	滝口直樹
発行所	株式会社マイナビ出版
	〒101-0003 東京都千代田区一ツ橋2-6-3 一ツ橋ビル2F
	TEL 0480-38-6872（注文専用ダイヤル）
	TEL 03-3556-2731（販売）／ TEL 03-3556-2735（編集）
	URL http://book.mynavi.jp

カバーデザイン	米谷テツヤ（PASS）
写真	澤木央子
スタイリング	本郷由紀子
編集	野沢恭恵
校正	西進社
印刷・製本	図書印刷株式会社

◎本書の一部または全部について個人で使用するほかは、著作権法上、株式会社マイナビ出版および著作権者の承諾を得ずに無断で複写、複製することは禁じられております。◎乱丁・落丁についてのお問い合わせは TEL 0480-38-6872(注文専用ダイヤル)／電子メール sas@mynavi.jp までお願いいたします。◎定価はカバーに記載してあります。

©NAHOKO MINAKUCHI 2016 ／ ©Mynavi Publishing Corporation 2016
ISBN978-4-8399-6184-8
Printed in Japan

M Y N A V I　B U N K O

ラ・ベットラ落合シェフの「絶対おいしく作れる」パスタ

落合務 著

ラ・ベットラ落合務シェフによる、パスタの基本書です。ペペロンチーノ、トマトソース、クリームソース、バター、4つの基本ソースのほか、野菜ペースト、リゾット、冷製パスタなど、幅広いパスタメニューを網羅。レシピは全59品。基本ソースの作り方はプロセス写真と落合シェフ直伝の調理ポイント付きで、わかりやすいのが特徴！
レシピに忠実に、ていねいに作れば、極上のおいしいパスタが完成します！

定価　本体740円+税

MYNAVI BUNKO

話題の「小麦抜き」「グルテンフリー」のすべて
小麦オフダイエット

松村圭子 著

「グルテンアレルギー」「小麦アレルギー」がある人、疑われる人はもちろん、アレルギーがない人にとっても、小麦製品(パスタやパン、麺類、菓子類など)をやめるメリットはたくさん。ダイエット・美肌・老化予防・疲労回復、といった「小麦オフ」の効果とともに、具体的に「何を食べればいいか」「どんな食生活が理想か」までを分かりやすく伝えるのが本書です。これまでの食習慣を見直すきっかけとなり、正しい「食べ方」が腑に落ちる一冊です。

定価　本体680円+税